行走在教育这片沃土上

刘加爱 著

北京工业大学出版社

图书在版编目（CIP）数据

行走在教育这片沃土上 / 刘加爱著. — 北京：北京工业大学出版社，2020.4（2021.8重印）

ISBN 978-7-5639-7345-3

Ⅰ. ①行… Ⅱ. ①刘… Ⅲ. ①小学数学课－教学研究 Ⅳ. ① G623.502

中国版本图书馆CIP数据核字（2020）第 061529 号

行走在教育这片沃土上
XINGZOU ZAI JIAOYU ZHE PIAN WOTU SHANG

著　　者：	刘加爱
责任编辑：	刘　蕊
封面设计：	点墨轩阁
出版发行：	北京工业大学出版社
	（北京市朝阳区平乐园 100 号　邮编：100124）
	010-67391722（传真）　bgdcbs@sina.com
经销单位：	全国各地新华书店
承印单位：	三河市明华印务有限公司
开　　本：	710 毫米 ×1000 毫米　1/16
印　　张：	10.75
字　　数：	215 千字
版　　次：	2020 年 4 月第 1 版
印　　次：	2021 年 8 月第 2 次印刷
标准书号：	ISBN 978-7-5639-7345-3
定　　价：	52.00 元

版权所有　　翻印必究

（如发现印装质量问题，请寄本社发行部调换 010-67391106）

作者简介

刘加爱,山东诸城人,教育学硕士,高级教师。山东省特级教师、潍坊市专业技术拔尖人才、潍坊名师。取得的教育教学成果1项获山东省教育科研成果一等奖,3项获潍坊市政府成果奖;执教的课多次在省、市获奖;参与研究的多项省、市级规划课题均已成功结题;发表论文10余篇。

前 言

随着经济的不断发展、社会的不断进步,越来越多的人将目光转向教育。教学质量和教学改革是当今时代的热点。提高教师的自主能动性,是提升教学质量和促进教学改革的一个基本策略。

笔者从教学实践出发,结合自己平时的观察和反思,不断总结,不断改进,剖析了当前教学实践中面临的突出问题和深层原因,并从理论和实践层面对当前的教学提出了行之有效的针对性策略。但这只是笔者的一家之言,希望起到抛砖引玉的作用,让更多的教育界同人投入教育实践的研究中来。

本书共四章,第一章为边行边思,主要是针对笔者的实际教学情况对教学实践进行反思,共分为六节,即家有宝贝初上学、教后反思、多元化作业、学生的变化、让学生在快乐中学习、教育教学随感随思;第二章为教研相长,主要论述了课题教研、学习提升、边实验边反思以及实验后发生的可喜变化等内容;第三章为笔者在教学和生活当中碰到的问题及针对这些问题进行的反思与改进,具体包括师生情、母子情、时光杂记等内容;第四章为喜结硕果,主要是笔者个人工作成果总结以及学校在教师专业发展方面取得的研究成果。

在撰写本书的过程中,笔者得到了许多帮助和指导,也参考了大量与教学实践相关的学术文献,在此向相关的专家、学者表示衷心的感谢。本书内容与实际生活相关,论述翔实,条理清晰,深入浅出,但因笔者水平有限,书中难免会有疏漏之处,希望广大读者予以批评指正。

目 录

第一章　边行边思 1
第一节　家有宝贝初上学 2
第二节　教后反思 5
第三节　多元化作业 11
第四节　学生的变化 14
第五节　让学生在快乐中学习 19
第六节　教育教学随感随思 31

第二章　教研相长 45
第一节　课题教研 45
第二节　学习提升 54
第三节　边实验边反思 72
第四节　实验后发生的可喜变化 116

第三章　生活五味瓶 135
第一节　师生情 135
第二节　母子情 138
第三节　时光杂记 142

第四章　喜结硕果 149
第一节　个人工作成果总结 149
第二节　学校在教师专业发展方面取得的研究成果 150

参考文献 155

后　记 157

第一章 边行边思

教学反思，是指教师对教育教学实践的再认识、再思考，并以此来总结经验教训，进一步提高教育教学水平。教学反思的主要作用是提升教师自身的素质和教学能力，使其对已经上完的课及完成的教育教学工作进行一番思考，从中获得启示。教师及时写教学反思能够使教学经验理论化、教学方法系统化、教学问题直观化。

华东师大的叶澜教授指出：一个教师写一辈子教案不一定能成为名师，如果一个教师写三年反思则有可能成为名师。由此可见，教学反思是教师专业发展和自我成长的核心因素，经验＋反思＝成长。

撰写教学反思可以帮助教师从每天都在进行着的习以为常的教学方式、教学行为中发现自身的教学问题，并提出解决问题的策略，提升自身的专业化水平。教师可以从教育案例、教育故事或教育心得等方面来撰写教学反思。凡是善于反思，并在此基础上不断努力提升自己教学效果的教师，其自身的成长和发展的步伐就会加快。有效开展教学反思，加强自我评估和自律学习，对教师自身的发展特别重要。教师只有认为自我的发展是必要的，才会努力地去发展自我，建构自我，从而不断促进自我提升，并能引导学生学会学习。教学反思可以激活教师的教学智慧，促使其探索教材内容的崭新表达方式，构建师生互动机制，转变学生的学习方式。

通过总结多年的教学实践，我认为教师应从以下几个方面进行反思。

一是写不足之处。在每节课后，教师应在脑海中再次呈现课堂，进行系统的回顾、梳理，并对其进行深刻的反思、探究和剖析，为以后的教学提供经验教训。

二是写教师智慧。在课堂教学中，课堂是活的，教师往往会因为一些偶发事件而产生瞬间灵感。这些"智慧的火花"常常在教师不经意间悄然而至。教师若不及时利用课后反思去捕捉、提炼，便会因时过境迁而再难寻觅。

三是写学生创新。在课堂教学中，学生是学习的主体，使课堂上总会有"创新的火花"在闪烁。教师应当充分肯定学生提出的一些独特的见解。这样不仅能提高学生的创新能力，而且对学生是一种赞赏和激励。学生的这些难能可贵的见解也是对课堂教学的补充与完善，可以拓宽教师的教学思路，帮助教师提高教学水平。教师将其记录下来，可以补充和丰富以后的教学资源。

总之，教学反思是一种有益的思维活动和再学习活动，是一个不断反思自己教学实践的过程。要想成为一名优秀教师，就要不断进行教学反思。由此可见，教学反思可以进一步提高教师终身学习的自觉性，可以提高教师的专业素养，使其在反思中不断发现问题、突破自我，达到更高的教学境界，使其在反思中不断成长、不断发展。

第一节　家有宝贝初上学

从幼儿园升入一年级，是学生人生中一个重大的转折。在怎样听讲、怎样整理书包、怎样回答问题等诸多问题上，学生都需要教师进行仔细指导与培养。下面着重介绍一下2013年针对新入学的一年级学生，在其入学一周内，我是如何对学生施教的。

上学第一天

9月2日，开学的第一天。早上，学生表现不错，没有一个走错教室的。但是都不明白要求，好在我有多年教一年级的经验。学生在我的指导下逐渐进入状态。

第一件事情：练习坐姿。脚并好，放在地上，放平；手臂重叠放在一起，胸离桌子一拳；眼睛看着老师；等等。我一个一个地检查动作，直到全班学生都坐好为止。

第二件事情：练习上、下课的师生问候。

第三件事情：讲解下课后学生应该做的事情。先把本节课使用的学习用品放进书包，然后把下节课需要的书及练习本等学习用品摆在课桌左上角，再上厕所，最后回到教室喝水。另外，我会提醒学生上厕所要悄悄地走，不要跑，还会让学生重复练习准备上数学课需要的东西，并摆对位置。

第四件事情：通过"海底世界"情境图学习数数。对于简单的数数，学生都会，但是这次练习必须让学生一一对应地去数，还要通过这幅图讲解上下、左右、大小、多少等概念。要做到这些，我必须心中有数，方能逐步渗透。

一会儿说，一会儿做，一会儿组织纪律，就这样不知不觉地，一节课就过去了。真的好累！

上学第二天

今天让学生知道了迟到后进教室要打报告，别人帮助了自己要说一句"谢谢"。

开始上课，先组织纪律。结合具体物体让学生认识"1—4"各数，并会规范地写"1—4"各数。

在教学生数数前，先教会学生说完整的话，例如，有4架飞机，有2辆汽车，等等。然后让学生学会有序地数数。

师：4架飞机可以用圆圈表示，还可以用什么表示？

生：用三角形表示。

生：用正方形表示。

生：用对勾表示。

……

师：4架飞机可以用数字几来表示？

生：4。

（教师板书"4"的写法。）

我先注意检查了学生的拿笔姿势。检查后，我发现，一部分学生的握笔姿势不对，写字的时候，书写姿势也不对。然后，我开始一个一个纠正姿势。最后，让学生描红和独立写。

另外，我还要教会学生认识"第几页"。学生很快就能达到我的要求。

这节课让学生经历"由物到数"和"由数到物"这两个过程。前者是抽象化的过程，后者是具体化的过程。

一节课下来，学生只认识并写了"1—4"各数。我的嗓子却冒烟了。

上学第三天

今天，除了复习上节课的内容外，学生又学习了"5"的意义及写法，因前面有认知基础，孩子们能明白"5"的意义，也能说出用"5"表示的具体事物。这充分说明了迁移的重要性。在学生书写"5"的时候，我还要强调握笔方法和正确的坐姿，不断提醒，随时矫正。

之后，又教学生认识了"第几页的第几题"，用眼睛看，用手指。只有反复练习，学生才能形成习惯。

一节课就这样过去了，除了说做结合，就是说听结合，最主要的是让学生能跟上我的节奏，不要游离。

上学第四天

今天的工作量真是大呀！班主任请假了，我上了4节课，组织课间操，组织学生放学站队。学生还真争气，表现不错。这与我的班级管理方法有很大的关系，及时表扬做得好的学生，并说明做到什么程度，让学生明白因为什么而受到表扬，对他们努力后的行为进行评价，让学生有章可依。

利用两节课的时间，学生终于把第一个练习做完了。今天我教会了学生认识"题号"，让学生弄明白了每道题的意思是什么，怎样去做题，为什么这样做。针对学生做的每一道题，我都注意检查。做得好的学生得到了印章奖励。

今天的收获最大。学生课堂听讲习惯培训、握笔姿势训练、坐姿训练、处理课本上的习题等，一切都在有序地进行着。

上学一周后的变化

上学一周了，这帮可爱的小家伙儿发生了很大的变化。

变化之一：常规活动从一无所知到井然有序。从一开始的认厕所、认教室，到进教室不打报告，上课随便说话、随便喝水、随便下座位等，我向他们提出了具体的要求，规范了他们的做法。一周后，大部分学生已经做得非常好了，一小部分学生经过我不断提醒后方能做好。这就是学生之间的差异。我们要尊重差异，并且要进行个性化指导，也就是因需施导。

变化之二：书写姿势从歪七扭八到有模有样。一部分学生的握笔及书写姿势均不对。我需要一点一点地纠正。在学生写数字的过程中，我需要一点一点地、一个学生一个学生地进行纠正。到目前为止，绝大多数学生基本符合要求，但还需强化、巩固。

变化之三：课堂上从信马由缰到举手回答。学生知道了从哪儿找第几页，如何找第几题，并且学会了用手指题号，而且能够做到眼睛与手指同步。学生还知道了怎样提问题，怎样回答，怎样说完整的话等。

变化之四：放学站队由吵吵嚷嚷到安静到位。学生从开始的一片茫然到放学后能到固定的位置去站队，并且秩序比以前有了好转。学生知道怎样站队、怎样看齐，放学时能喊着口号，脚踩学校画的黄线行走。

※反思

学生在最初开始学习写字时，家长和幼儿园的教师一定要教给学生正确的书写姿势，并注意纠正，直到学生的姿势正确为止。如果学生一开始的书写姿势是错的，到小学后需花费很长的时间去纠正，甚至无法改正过来。由此可以看出，第一次是非常重要的，所以，教师应抓好第一次，例如，学生第一次不写作业，第一次开小差，第一次乱扔纸屑等行为。学生的可塑性很强。因此，教师应对学生进行正确指导，才能对得起"教师"这个称呼。

第二节 教后反思

课堂是提高教育教学质量的主阵地，如何在教学实践中提高教学质量，是每个教师在每节课后都值得反思的问题。反思不在于篇幅的长短，关键是要抓住课堂中出现的主要问题。下面是我写的部分教学反思。

"11—20的认识"教学反思

本节课通过一幅大海边学生喂海鸥的情境图，启发学生提出问题。例如，"沙滩上有多少只海鸥？""沙滩上有多少个小朋友？""礁石上有多少只海鸥？"让学生在解决问题的过程中培养数感，认识数位"个位、十位"，知道从右边起，第一位是个位，第二位是十位。知道个位上的数是表示几个一，十位上的数是表示几个十。让学生学会合作，学会交流，学会倾听，学会评价，使学生经历解决问题的过程。

解决问题的过程可分为以下三个阶段。

一、认识11

让学生通过情境图知道沙滩上的海鸥有11只，并让学生用小棒摆一摆。那么，用什么办法能一眼看出有11根呢？关键是让学生能探索出把10根摆在一边，把1根摆在一边。这时先让学生自己摆，再在小组内交流自己的摆法。

二、认识13

放手让学生自己数出13，并用自己喜欢的方法来表示出13，培养其迁移能力。

三、认识20

让学生自己数出20，并想一想怎样用小棒摆出20。

我只讲完新课就下课了。对于第一个环节，我竟然用了近30分钟，认识13和20又占去了一部分时间。

课后，自己总觉得讲得太累，学生注意力不是很集中。我进行了梳理：学生实际上已经会写这些数，不必先教其用小棒摆，再过渡到11各个数位表示的意义，最后写出11。可以把这3个环节全部交给学生解决，他们肯定会写出这3个数，但是不一定能说出各个数位表示的意义。这时，可以重点讲解数位，先让学生自己解决，再在小组内交流，最后全班交流，解决数位问题。把老师的部分讲解环节变成学生讲解，学生补充，学生评价，能使学生学会合作、学会倾听、学会评价。我想，这样做效果应该会更好，教师不会太累，学生注意力也更集中一些。

※反思

切记对学生的原有知识经验，一定要分析好，该放手时一定要放手，不然，教师教着累，学生也无兴趣去学。

"万以上数的写法"教学反思

因为用导学案上课，所以我便让学生晚上回家预习第7页信息窗2，预习"万以上数的写法"。

课堂上，在学生进行小组交流的时候，我发现有一部分小组不明确组内任务，组长不会组织。这样导致交流时间过长，浪费时间。

待全班汇报时，小组板书讲解又花费了近6分钟，而且讲得不明确。

我在精讲点拨时，费了好大的劲儿，既讲写法，又讲注意事项，例如，要先找出重点字"亿"或"万"，知道写完的数要分级。

在最后的环节——巩固练习时，学生只做了基本的练习题就下课了。

※反思

在学生预习前，教师应给学生明确的预习目标，让学生有的放矢地预习；小组交流前应先让小组明确目标；进行全班汇报时，应确定小组汇报人，并有条理地进行汇报；应做到让学生有层次地练习，并进行达标检测。

"万以上数的比较与改写整万或整亿的数"教学反思

今天,我布置的预习任务如下。

①阅读信息窗3:哪个国家的陆地面积最大?哪个国家的陆地面积最小?怎么比较大小?

② 9600000 =( )万   1300000000 =( )亿

③怎么改写用"万"或"亿"作单位的数?什么样的数可以改写?

今天的效果比上节课好了许多,如期完成任务,而且在当堂达标检测的过程中,只有极少数学生出错。

※反思

只有预习任务目标明确,小组交流有的放矢,汇报有条理,才可能收到优质高效的教学效果。

"求万以上数的近似数"教学反思

因为预习任务明确,故本节课学生交流顺利,汇报时学生补充与质疑效果较好,平时不愿意发言的学生竟然能对汇报学生进行质疑,并修改补充。

本节课我在每一个问题后都安排了相应的练习,让部分学生上台写出解题步骤。其中有两个学生出错。他们两个是同桌,听讲不认真。本次出错后,我及时与他俩沟通,让他俩逐渐明白了自己的错误出在什么地方。

巩固练习时,练习的题量基本达标,效果较好。

追问为新旧知识架起桥梁

在我讲授四年级的"除数是两位数的除法笔算"的内容前,学生已经学习了除数是一位数的除法笔算与一位数乘多位数。笔算的教学难点是在试商的方法上,除数是非整十的数,要把除数四舍五入后试商。

在学习 240÷28 时,把 28 看作 30 来试商,商 8 后,把 8 和 28 乘起来,用被除数再减积。在教学过程中,我以为学生会运用除数是一位数的除法计算方法,把商和除数相乘,可谁料学生不明白商要和原来的除数相乘后,再看看被除数里面够不够减。这时,我会追问:"商上 8 之后,再怎么办?为什么?"

还有个别稍微差一点儿的学生,在计算 240 - 224 时,不会减了。这时应追问:"240 - 224,怎么算?为什么?"这样一问,学生就会和以前学习的减法计算方法联系起来了。不然,个别学生会发蒙的。

本节课的教学重点和难点是在试商的方法上。但是对于试完商后的两次计算，我也应该通过追问，让学生把以前学习的知识都联系起来，为学生在新旧知识之间架起桥梁，让学生全员顺利过关。

如此教学，可以让学生体悟到知识之间是一个经纬交错、融会贯通的立体网络，使学生明白学习像"登山"一样。

听地理课有感

下午第一节课，我听了初一（7）班的地理课，由宋老师执教。宋老师是一位有着十几年教学经验的教师。在课堂上，宋老师先出示了本课教学目标，并一一去实现目标。课后回想，我认为有些许问题值得商榷。

①备课要重视备学生。只有找到学生的认知基础，才能找到知识的生长点，从而才能确定教学的重点和难点。在本节课中，找位置是学生于小学阶段的数学学科中在认识了八个方向的基础上学习的。只不过，在平面图上，方向都是按照上北下南、左西右东绘制的。那么这节课的难点就是在非常规的方向被指定后，怎么判断两个地点的位置关系。

②教师应有效讲解学科之间的横向联系。教师在课堂上只是介绍了东、西、南、北四个方向分别用字母 E、W、S、N 表示，但是，并没有说明为什么用这几个字母表示。实际上，用一句话就可以将地理和英语学科联系起来——那四个字母就是英语中东、西、南、北四个单词的首字母。在让学生认识方向时，教师应从小学数学引入，有效挖掘孩子已有的知识，找到知识的生长点和学科之间的联系，使学生横向联系起不同的学科知识。

③转变教与学的方式。除了几个孩子进行了一问一答，没有学生的大面积回答，整节课学生只是被动地听教师的讲解，并没有真正地自主参与到探究、归纳、整理的过程中。

※反思

学生要在做中学，在做中形成方法，提高能力。在课堂上，教师应使学生由关注知识转变为关注知识的形成过程。教师要引导学生自主学习，使学生在学习过程中体会方法，养成习惯。

听历史课有感

今天第一节课，我抱着学习的态度走进初一（1）班的课堂。这是一节历史课，由徐老师执教。我仿佛重新回到初中的时光，那时我们上历史课，是多么枯燥与乏味！老师上课全凭一本课本与一块黑板。我想那时的师资水平也是有待提高的吧，老师上课除了读读书本上的内容外，就让我们拿笔画出重点，之后就是我们全凭自觉地去背了。既没有学习方法的指导，又没有联系实际与衍生故事，更没有拓展延伸知识，考验的是学生的理解力与持久力。现在的孩子真的好幸福，有这么好的师资与学习条件。对今天的授课，我有以下几点体会。

先谈专业知识与教授知识。从教师的侃侃而谈中，可以看出，教师有着丰富的专业知识。但如何把自己的专业知识转化为学生主动获取的知识呢？

①转变教与学的方式。教的主体是教师，教师在课堂中占主导地位，而学生是课堂真正的主人，是学习的主体。所以如何充分发挥主导与主体的作用，也是值得我们深思的问题。

②联系学生已有的经验与知识。学生的头脑并非一张白纸，零基础，而是有着十几年的生活经验和诸多累积的知识。教师在备课时，要充分考虑学生的认知基础。教师在授课时，如何快速联系学生已有的生活经验与累积的知识，架起原有认知和新知之间的桥梁，值得我们深思与研究。

再谈教师基本功。板书是否要工整、规范？是否应该边讲边板书，将思路、重点留在黑板上？听完课后，我觉得本节课是沿着这个思路讲授的：历史是什么？从哪儿了解？学什么？怎么学？

教育没有什么捷径可走。教师既要老老实实，又要开拓创新，一步一个脚印地往前走，走着，找着，就会发现那一树一树的花开……

夯实教师基本功

上午我听了初三（3）班的数学课，本节课的主题是"运用函数求直角三角形的角或边"。整整一堂课，除了学生做题之外，都是老师在讲，老师全然不顾学生的存在。

课堂是提高教学质量的主阵地，离开课堂，再多的课外辅导都无济于事。每一堂课都是对教师基本功的考验，教师要夯实基本功，以下几点务必做到。

首先，教师要认真备课。备课时，教师要备好学生。教师应清楚学生已有的认知基础与可能会提出的问题等。学生学习的方式应为动手操作、自主探索和合作探究。学生是课堂的主体，而教师只是课堂的主导，在学生产生偏差或有困惑时应予以指导。教师是课堂的组织者、引导者与参与者。

其次，课堂活动组织要有效。在课堂上，老师不能搞一言堂。课堂也不是几个优等生的天下，而是不同层次的学生得到不同程度的发展的地方。故教师在设计活动的时候，要让学生当主角。

最后，课堂语言及板书要规范。无论是课堂语言还是板书都要规范，不能太随意。

把学习的主动权还给孩子

我下午第一节听了初二（10）班的数学课。本节课的教学内容是"分式的乘法和除法"，教学目的是引导学生总结分式乘除法的法则，并会运用法则进行计算。我有以下几点感想。

一、处理好多媒体与课堂教学之间的关系

多媒体只是教学过程中的辅助手段，并不是必需的手段。教师在将一些内容板书下来后，就不必再用多媒体进行展示，应删除这些重复环节。

二、运用实物展台给学生以反馈

教师应充分利用实物展台，纠正学生的所做习题的错误。这样做不仅可以节约时间，而且可以让学生对错误之处一目了然。

三、改变教与学的方式

课堂的主体是学生。教师要把学习的主动权还给学生，给予学生充分的思考时间，不要包办代替，将知识一股脑倒出来。学生是不会"领情"的，因为这些知识不是他们自己探索出来的，而是教师嚼过的，没有味道，他们理解不深、不扎实，所以总处于一知半解的状态。教师同时也要改变课堂上一问一答的形式，要设计好提问的问题，要预设好哪些问题让学生自己解决，哪些地方会出现什么问题。

总之，在备课的时候，除了备教材之外，还要备好学生，备好教法与学法，设计好活动过程。

第三节 多元化作业

最新的课程标准指出，对学生的评价要多元化，要改变过去一把尺子衡量学生的格局。2007年，我率先在小学数学学科进行了多元能力培养与发展实验，其中也包括如何设计多元化的作业。教师对于作业的布置也要一改过去的只有用纸笔答题的作业，要布置多元化作业，以提高学生的多元能力。

"万以内数的认识"的实践性作业

在讲完第二单元"万以内数的认识"后，我布置了一项实践性作业：搜集生活中哪些地方用到了万以内的数，可以打印，可以剪贴，然后把搜集到的数读出来或写出来。

此项活动的目的是让学生到生活中搜集信息，以发展学生搜集信息的能力；让学生把搜集到的数字读出来或写出来，以发展学生读数、写数的能力，从而让学生体会到数学与生活的联系。数学不是抽象的，它来源于我们的实际生活。用这种方式可以消除学生对数学的陌生感，激发其对数学的兴趣，让学生用充满数学智慧的眼睛去观察生活。

通过此项活动，学生各项能力得到了提高。这正是以往的传统作业无法做到的，所以，教师在布置传统作业的基础上，适时布置一些实践性作业，还是很有必要的。

对于"实践性作业"的思考

在讲完第四单元后，我布置了一项实践性作业，目的是培养与提升学生的多元能力。学生需要先搜集生活中的相关知识信息，再把搜集到的信息进行筛选整理，最后把符合要求的信息保留下来。这一过程培养与提升了学生搜集信息的能力。学生在搜集到信息之后，需要进行版面设计。在设计的过程中，他们的动手操作能力得到了培养与提升。只有现成的内容还不行，学生还需要结合本单元的知识进行整理、归类。因此，学生的归纳、概括能力得到了提升。学生将内容归纳好之后，还需要提出问题并解决问题。在这个过程中，学生的提出问题和解决问题的能力、数学能力、推理论证的能力等都得到了提升。

待学生全部上交完作业之后，我对其作业进行了仔细批阅，并将学生的完成情况分为以下几类。

第一类是把搜集到的生活中的信息记录下来，提出问题并解决了问题，最后对这一单元的知识进行了总结，例如：怎样验算加减法；估算时应注意哪些问题；进位加法怎样计算，应注意什么；计算退位减法时应注意什么；等等。

第二类是把搜集到的生活中的信息记录下来，提出问题并解决了问题，另外添加了一些学习数学的格言或数学小故事，如"数学使人周密。——[英]弗朗西斯·培根"等。

第三类是把搜集到的信息剪贴下来，并对此提出问题、解决了问题。

第四类是把搜集到的生活中的信息记录下来，提出问题并解决了问题，另外添加了一些数学智力拓展题，并解答出来。

第五类是只把搜集到的生活中的信息记录下来，提出问题并解决了问题。

我对学生的作业进行了等级评价，并为版面设计有创意与作业内容丰富的学生发放了"实践性作业获奖卡"，以此对他们的付出给予了充分的肯定。

※反思

虽然只是一项作业，但与以往的传统作业相比，实践性作业少了机械性的练习，能使学生更多的能力获得发展。学生对此项作业感兴趣，乐此不疲，可谓"八仙过海，各显神通"。这样的作业真正使学生在掌握知识的同时，提高了能力，教师何乐而不为呢？

学生喜欢的实践性作业——手抄报

今年的寒假作业我布置的是做一张数学手抄报，允许学生摘抄数学家的故事、数学智力题或自己写下学习数学的体会等。

我给学生布置实践性作业的原因：一是学生要做手抄报，但没有现成的内容，就需要搜集信息。学生可以通过多种不同的途径搜集到自己所需的内容，因此，这个活动可以提高学生搜集信息及解决问题的能力。二是设计版面可以提高学生的动手操作能力。三是实践性作业可以促使学生用数学的眼光去观察生活，使其意识到数学知识来源于生活，从而可以提高学生的数学能力。总之，制作一张手抄报这个活动在培养和提高学生的多元能力方面，是任何其他作业所无法代替的。

开学了，学生上交了他们的作品。我在查看他们的作业时，发现他们真是"八仙过海，各显神通"。想不到二年级的学生竟然做出了许多高水平的图文并茂的手抄报。不仅内容丰富多彩，而且版面设计精美，色彩搭配和谐。手抄报的内容有数学智力故事或智力题、数学家的故事、生活中的数学；甚至有的学生干脆自己绘制了一张含有数学信息的图画，然后提出问题并解决问题；

还有的把新学期要学习的部分内容写了上去……

看到这些,我无法不感动,也没有理由不佩服学生的能力。我欣赏着,陶醉着,赞不绝口……

我决定对学生的做法给予充分的肯定。利用活动的时间,我让学生先在小组内欣赏作品,过足眼瘾,之后又选出小组内最棒的、能代表本小组最高水平的作品,并在班内展示,最后评出特等奖和一、二、三等奖,以鼓励用心做作业的孩子。

评选结果:获奖的共有50人,获奖率高达70.4%,其中获特等奖的有4人,获一等奖的有9人,获二等奖的有16人,获三等奖的有21人。由于受传统观念的影响,部分学生认为只有动笔算的数学作业才是正规作业,才应予以重视,而需动手操作的作业可以应付,所以没有认真对待这项作业。我希望为表现优秀的学生发奖可以给那些没有得奖的学生以警告与提醒,使其转变作业观。教师布置的作业可以是多元化的,而不是只有纸笔计算形式。

思考了许久,我决定给获奖的学生每人发一张证书。在发证书之前,全班72双眼睛犹如72个追光灯,齐刷刷地汇聚过来,他们坐得端端正正,屏住呼吸,期盼着那激动人心的一刻。此时,时间似乎停止了,空气似乎也停止了流动,好紧张的气氛呀!我故意放慢了说话的速度:"下面给获奖的同学颁发证书……"我都不记得是怎样的一个动作打破了这份宁静。看!无论是获特等奖的学生,还是获三等奖的学生,个个都露出灿烂的笑容,如一夜春风,绽开了千树万树的梨花。尤其是那些我们以前说的"学困生",这次表现特别突出。如果只用一张笔试的卷子评价他们的学习成绩,我相信因为个体的差异,他们肯定永远也不可能站到班级的前列,而这次他们分别获得一、二等奖,他们学习的信心顿时倍增。这还需要用过多的语言来提醒他们,让他们去学习吗?此刻,一切的话语都显得苍白无力。孩子们!尽情地欢呼吧!把你们积攒已久,甚至是你们压抑已久的情绪尽情地释放出来吧!老师理解你们,老师不会怪你们。

激动之余,不免思考一个问题,是什么让这些不自信的学生找回了自信呢?细细回忆,是教师布置的多元化作业,是多元化评价。这一举措改变了所谓的"学困生",使他们找回了自信,没有迷失自我。我庆幸这些学生赶上了评价改革这一大潮。难道只有纸笔测试才能反映一个学生的能力吗?非也。其实学生的能力是多元的,纸笔测试只能反映学生的一个或几个方面,不能全面地反映学生的能力。只有通过多元化的评价内容这个载体,才能多元化地评价一个学生,使学生通过评价充分地了解自己、认识自己,有的放矢地找到奋斗的目标,使学生全面、和谐地发展。

第四节　学生的变化

在教学过程中，我会尽量抓住合适的机会来进行学生多元能力发展与评价的实验，充分有效地发展学生的多项能力。下面，我仍然以教学日记的形式加以阐述。

"口算过关"改变了他们

——两位学生计算方面的变化

2009年11月6日，我班进行了一次计算检测。通过查看学生的错题，我发现一部分学生出错的原因：一是乘法口诀不过关，在计算乘加时出错；二是个别学生在进行脱式计算时，运算顺序出错。在这次检测中，于×、桂××两位学生不及格。他们就连乘法口诀都背不熟练，更不用说做乘加、乘减的题目了。针对这次出现的问题，我进行了思考。对于运算顺序出错这个问题，学生可以很快解决，但是提高计算准确率要花费一些功夫。课后，我曾上网查阅了一些资料，发现有些优等生都有一个自己的"错题本"，我想，我也可以让学生准备一个口算过关本。既然有了这个想法，我就开始行动起来。恰巧赶上2009年11月14日，我校组织开家长会，于是我便把这个想法在会上告知了家长，并且教家长怎样使用这个本子。具体做法如下。

①准备口算过关本。

首先，我让家长知道为什么要准备口算过关本，让其了解来龙去脉。

②使用方法。

我每天给学生出9道口算题，让学生先自己通过练习过关；然后晚上再由家长检查过关，过了的画"√"，暂时不熟练的，就是暂时没有过关的，画"○"；第二天早上，让小组内的同学互相检查过关；最后由组长在黑板上记录本组过关与没有过关的同学的姓名。

③每周大过关。

一周有36道口算题。都过关的学生需要每个周末再做一遍本周的36道题，做到二次过关；本周没有全过关的学生，需要先把没做对的题做对，然后再把36道题全做对，做到全过关。

这样执行之后，到今天已两周有余。课堂上，我先测试了9道口算题，没想到，上次计算测验两位不及格的学生于×和桂××这次全对。我立即表扬了他们，并让他们分别说一说近期是怎样练习口算的。

于×："我每天回家先自己练习乘法口诀，再默写，最后练习老师布置的口算题。"

桂××："我每天回家，都是妈妈和我一起练习口算题。"

这就是"口算过关本"起的作用。正是采用了这一举措之后，这两位学生在计算方面才有了显著的进步。我坚信，只要坚持下去，这两位学生在计算方面就会有信心，在其他方面也会有进步。

※反思

教师要把教学中遇到的问题当作一项研究，并把研究过程中出现的变化随时记录下来，我相信，随着材料的积累，思路也会越来越清晰，路径会逐渐明朗，最终研究的结果也会呈现出来。

他们的各项能力均有所提高

刚刚学完本册的两三位数乘以、除以一位数，我便对学生进行了测验。本次测验全班共有72人，由于4人生病，所以有68人参加了此次检测。时间是25分钟，内容有口算、估算、用竖式计算、比较大小以及脱式计算等。

计算检测结果：获得A等级的有50人，获得B等级的有16人，获得D等级的有2人。

与上学期相比，计算能力一直较强的有李××、王××、梁××等。

近期计算能力尤其突出的有孙××、丛××。

有些学生计算能力有了明显的变化，如赵××等。

※反思

我采取了多元化的评价方式，不是只盯着学生的学习成绩，而是只要发现学生其他方面的优点，就会表扬，从而产生了极好的效果。学生不仅学习态度有了改善，性格更开朗了，学习成绩也有了较大提高，各项能力均有较大提升。

让我放心的孩子们

——记三年级上册期末考试

2010年2月1日，全区进行期末考试。我七点半拿到卷子，便迅速浏览了一遍，发现其中有几道题，学生在平时练习时已经做过，但由于不是本册教材的重点内容，我没做强调。我很担心我班的学生。其中有两道题，我不放心。

2010年2月2日上午，接近下班的时候，我将卷子批阅完毕。我迅速地翻阅着……

我不放心的第一题如下：

一辆汽车从甲地到乙地，早上9点出发，下午3点回来，这一天行驶了480千米。这辆汽车平均每小时行驶多少千米？

学生没有学过跨过中午到下午经过的时间的计算方法。在练习的时候，我班有二十几个学生做对。所以我在讲解的时候，只是在黑板上简单地画了画怎样计算经过的时间，还告诉他们另外一种计算方法就是将12时计时法换算成24时计时法，然后相减得到经过的时间，并没有让学生再去练习此类题目。没想到，这次考试就有一道这样的题。我班学生70人参加考试竟然只有18个学生出错。学生踏实的学习态度让我很放心。

我不放心的第二题为看线段图列式计算。

虽然学生平时练习此类题目较少，但没想到只有12个学生出错。我的学生太棒了！

我班学生在一道填空题上有很多人出错。该题题目如下：

你的体重约（　　）千克，估一估（　　）个跟你一样体重的同学在一起，大约重1吨。

该题出错38人，大部分人填错了第二个空。

※反思

①在今后的教学中，我还应多注重结合实际生活的内容，加强估算的练习，注意估算在实际生活中的应用。

②学生做过的题目，只要有人出错，我就不能放过，直到大家都弄明白。

本次考试充分反映出我班学生平时的水平，70人考试，67人得"优"，3人得"良"。可喜可贺，祝贺我班的孩子们！希望你们再接再厉，勇攀高峰！

他们找到了学习数学的乐趣

今天，我主要讲评了昨天的试卷。这次测验的试题中有一部分超出了教材的内容。学生在校期间从来没有学过这部分内容，例如，学生在学习比较分数的大小时，只学习了比较同分母分数和分子都是1的分数的大小，而测验中却有这样的题：比较 $\frac{1}{4}$、$\frac{1}{8}$、$\frac{3}{8}$ 的大小。

测试时，我猜想，学生肯定没有会做的，即使有做对的，也是猜的，并讲不出道理来。谁料到，李××、王××、董××等几人都做对了。在讲这道题时，我让他们几个分别讲了讲自己是怎样思考出来的。

李××：$\frac{1}{4}>\frac{1}{8}$，而 $\frac{1}{8}<\frac{3}{8}$，所以只比较 $\frac{1}{4}$ 和 $\frac{3}{8}$ 的大小就可以了。$\frac{1}{4}=\frac{8}{32}$，$\frac{3}{8}=\frac{12}{32}$，因为 $\frac{8}{32}<\frac{12}{32}$，所以 $\frac{1}{4}<\frac{3}{8}$。

杨××：你这样做是什么意思？

李××：把分母变成一样大，就好比了。

杨××：你怎么想到的？

李××：在家里家长教的。

王××：实际上 $\frac{1}{4}=\frac{2}{8}$，分子分母同时乘2，也能将它们变成分母相同的分数，这也是家长教的。

师：谁能听明白他的方法？（竟然有十几个学生举起了手。）

董××：我还有一种方法，用画图的方法也能比较出它们的大小。

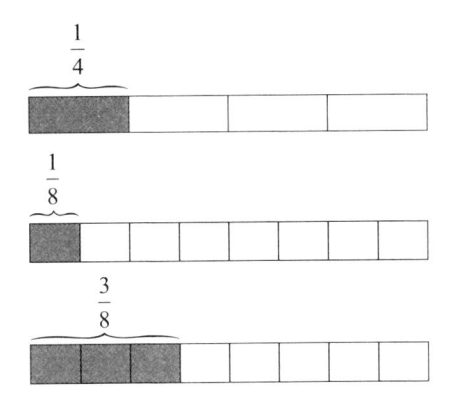

师：谁能明白董××的方法？

竟然有一半多的学生举起了手。借此机会，我便简单地给他们讲了一下分数的基本性质，这时我看到有一部分学生脸上的表情由"疑惑"变成"释然"。李××等几位在家自学的学生便不由自主地点了点头，看来他们不仅知其然，而且知其所以然了。

※反思

数学课上的这一幕，说明了他们找到了学习数学的乐趣。在学习的过程中，他们收获的是快乐、自信，在体验中快乐、健康地成长。这样，你还能说学习数学是枯燥的吗？从他们的脸上、行动上，表现出的是收获的喜悦和获得成功后的自信。这样的课不正是我们所追求的吗？课后我并没有让学生去多学习其他的知识，可是他们却自己行动起来，去搜寻、挖掘比课本更深层的知识，并且有在课堂上展示的机会。你能说他们的学习不是快乐的吗？

课堂是一个学生展示、思维交流的平台，我们教师应多给学生提供这样的机会，让每一个学生都找到自己的位置，让他们在集体中快乐地成长。

让我们谨记：教学有法，但教无定法。授人以鱼，不如授人以渔。

部分不爱发言的学生主动发言了

自从做了一次调查问卷之后，我也从中了解了有哪几个学生不愿意发言，为什么不愿意发言。

从问卷中我发现，王××、李××、秦××、刘××、于××这几个女学生不发言的原因是害怕自己发言出错，所以不敢发言。

针对以上情况，我采取了以下策略。

一、调整小组汇报加分标准

在小组汇报时，如果让平时不愿意发言的学生汇报主要问题，并且汇报正确，那么此小组多加1分。

二、限制强势学生发言

在订正错误环节中，学生可以自由发言，不用举手直接站起来就可以发言。但在此过程中，如果回答问题较多的学生即强势学生和不经常回答问题的学生同时站起来，那么让强势学生主动退让，给这些不经常回答问题的学生以发言的机会，或者老师点名让这些学生发言。

在我采取以上策略后，李××小组做得很好。在一次汇报中，他有意安排平时不发言的于××汇报主要问题。我顺势进行了点评，并因此给他们小组多加了1分。这样一来，其他小组也逐渐效仿，所以就给平时不发言的学生更多发言的机会了。

渐渐地，我发现：李××主动发言了，刘××也能主动为同学订正错误或补充，秦××在发言之后脸上露出了自豪的笑容，于××能主动发言并且声音响亮，王××也渐渐地想发言了。

当"她为什么不发言"这个问题在我的脑海中出现的时候，我便将其当作一个课题来研究，先开展问卷调查，后个别谈话交流，最后制订了计划并付诸实践。经过实践,我通过采取以上策略解决了想解决的问题,心情也放松了一些。

以上小现象却反映了一些我们平时经常遇到却视而不见,即使发现后却不思考的大问题。其实只要用心去做,一些问题总会有解决办法的。将这些小现象当作问题来研究,此时教师也就不知不觉地进入了研究之中。

研究问题不需要挂在口头上,不需要提前做多少准备,只要把平时的小现象当作问题来研究,我们就会变成一个研究者了。

第五节　让学生在快乐中学习

在教学过程中总会发生很多事情感动着教师自己。多少次,教师与学生同探究、共成长;又多少次,教师因学生的快乐而感到快乐。个中滋味,只有教师自己能体会得到。

一次测试的启示

已经到了学期末复习的阶段,我班昨天进行了专项解决问题的测试。经过测试,我发现了学生存在的不少问题。

一、检测——高质量的保证

自课程改革实施以来,我们教师在课堂上更加注重以学生为主体。学生是学习的主人。我想方设法让更多的学生积极主动地参与到课堂的活动中来。我班的学生的各项能力与以前比,有了显著的提高。例如:学生的质疑能力有了显著的变化,大部分学生不仅能质疑,还知道怎样质疑,能分辨哪些问题是有价值的,哪些是没有价值的等;学生的动手操作能力、语言表达能力、小组合作能力等均有了较大提高。

但是也有一小部分学生被这种变化蒙蔽了双眼,对于某些该掌握的知识只掌握了皮毛,并没有获得更深层次的理解。因为学生个体存在着差异性,单从课堂上的回答问题情况中也能看出来。但是要想了解得更多,教师就需要对其进行检测。检测的形式可以是传统的纸笔测试,也可以是口述或者动手操作等,不拘一格。只有这样做,方能详细知晓,以便有的放矢地对学生进行帮助。例如,在这次的检测试题中有这样一道题,要求根据线段图编一道自己身边的实际应用题,并解答。这道题的题意便是根据线段图的信息先编一道题,然后再解答出来。谁料据统计,全班仅有 15 个学生是根据要求去做的,其他的学生都是只在线段图的左面写上了名称，便解答了出来，并没有真正进行编题。

※*反思*

第一，课本上没有出现过类似的题目类型，可能学生不明白；第二，只有经过检测，才能及时发现问题，并进行反馈矫正。无论是学生的学习，还是教师的教学，都必须是扎扎实实的，不能蜻蜓点水，才能不断积累知识。

二、检测——发现学生变化的途径

通过这次检测，我发现了一部分学生与平时的课堂表现大相径庭。

于×是一个很聪明，但又比较懒于动笔的男孩。所以，他一直没有养成良好的学习习惯。对于平时的家庭作业，他大多时候不带回家，或者干脆不做。鉴于此，我经常让他在休息的时候到我的办公室补作业。每补一次作业，他都能保证以后连续几天都做作业。但是好景不长，每过几天，他又会重蹈覆辙。在课堂上，他愿意听讲的时候，思维相当活跃，对于一些比较难懂的问题，他都能理解，只是不能很有条理地讲给同学听，但他能大胆地把自己的观点跟大家分享。我很欣赏他这一举动。这次考试，在我的督促下，他竟然在一些题的解答上出乎我的意料。例如，全班只有13人做对了一道判断可能性的大题，他就是其中的一个。大部分同学把"小佳用左手写字"判断成了"不可能"。在解决问题类题目中，有3道有难度的题，他竟然全部做对了。我情不自禁地在他的卷子上写上了"很棒！加油！"这几个字，并决定在试卷讲评时表扬他一番。

孔××是一个比较单纯的男孩，自理能力不是很强，一贯由家长接送，甚至有些事情是由家长包办代做的。他经常不是没带家庭作业，就是因没有听清楚题目而做错，而且他在课堂上听讲的姿势一贯不好。而在这次考试中，他解出了几道难题，表现得很出色。我也在其试卷上用红笔写上了"很棒！加油！"这几个字，对其进行了鞭策与鼓励。

秦××是一个性格内向、不善发言的小女孩，对问题有自己的见解，但不善表达；对待事情能认真负责地去完成，在学习上不用老师操心。在这次检测中，她的表现更为突出，仅错了一个填空与一道选择题。我在其卷子上写上了很醒目的"棒极了！继续努力！"这几个字。

当然，这次检测也不乏一贯表现突出的同学，如李××全对，李××、董××、刘××、王××等也表现非凡。

※反思

没有做不到，只有想不到。其他学科的教师都评价于×很懒惰，不写作业，不思进取。但是他在数学方面却有其独特的一面。是什么在起作用？是评价，还是平时的交流与相处？……由此可以看出，每一个学生都是一个完整的个体，他们正处在发展、成长时期，在成长的道路上需要我们及时发现他们的优点，做一个赏识他们的人；同时在他们犯错误时，也需要我们及时对其进行纠正。我们教师应做一个把学生扶上马并送上一程的人！

俗话说"学无止境"，看来"教亦无止境也"。学生是不断变化的个体，而新课程也处在不断的变革之中。这时，我们千万不能以一成不变的态度去对待学生，而应该经常反思与总结，让课改之花的芳香飘得更远、更久。

怎样实现有序高效的小组交流

小组讨论交流的问题：上图中一共有多少条线段？怎样数就能做到既不重复又不遗漏呢？

我先让学生自己独立思考，再在小组内交流自己的方法，最后选出小组代表来汇报交流的结果。

李××：我们组有3个答案，我和董××数的是10条，张××数的是6条，于××数的是5条。

师：你们是怎样交流的？

李××：我数了10条，我数给他们看了。董××一开始数的是9条，我给他找出了漏掉的1条，他认可了我的这种数法，所以我们两个数了10条。

师：你们小组没有给其他两位同学找出遗漏的线段吗？

李××：我给他们找了。

这个小组属于课堂上发言比较积极的小组，因而也是加分比较多的小组，是优秀小组。原因是小组长李××思维比较活跃，尤其对于比较难的问题，他特别感兴趣，善于倾听，并能主动对其他同学的发言进行修改与补充。据我了解，这个学生的家长经常在课后给他拓展一些与课本相关的数学知识，他对数学有着浓厚的兴趣。基于以上情况，无论哪个学生，只要和他一个小组，这个小组都会有加分的机会。

对于上述问题，李××小组完全能在小组内交流出正确的数线段条数的方法，而且有所遗漏的学生通过李××的纠正也能理解自己的方法欠妥当，会从内心认可李××的方法。

※ *反思*

他是一个在数学学习方面表现比较优秀的学生,但是从这次汇报中折射出他这个小组的问题如下。

①交流的目标不完整。本来有两个问题,却只交流了一个。

②缺乏使小组成员达成共识的方法。在小组交流时,小组成员应尽量各抒己见。这样,错误的或者不完整的思路有可能就会得到纠正或完善。这就需要小组长发挥组织与分析的能力。只要小组长的方法合理,相信其他小组成员就会接受、认可。像上面的问题,对于数线段数少了的小组成员而言,如果有人指出其少数了哪几条,他们就会慢慢地理解并接受。待小组成员就线段的条数达成一致后,解决第二个问题就水到渠成了。这样出错的小组成员自然而然就会产生疑问——怎样数就不会遗漏了?小组内的成员也就会达成共识。

③指导与培养小组长的任务任重而道远。这个小组暴露出的问题,让我深刻地意识到各小组长是班里的骨干学生,应重点培养他们,教给他们具体的方法。

④评价机制有待继续探索。教师应对小组长有一个具体的评价机制。小组长不一定在每次数学检测中的表现都是非常优秀的,但是其对待小组长这个职位的态度要认真、踏实,绝不能敷衍。小组长要对小组内的每一位成员负责,要有团队意识,树立"人人优,我优"的意识,同时应使小组内的每一位成员都互相团结,树立"我优秀,小组优"的意识。

测试着,快乐着

"角的初步认识"检测题:

摆一摆,摆出一幅图案,并能介绍自己摆出的图案,说一说图案中哪里有角,各是什么角。

检测评价标准如下。

动手操作能力:

①能自主有序、有目的地进行动手操作,并得出操作的有效结论。

②基本能在别人的指导下有序动手操作。

③操作无序无目的,得不到有效结论,只是参与有关活动。

数学表达交流能力:

①学生能自信并正确地表达自己的观点,喜欢倾听别人的数学见解,并积极地做出评价。

②学生能正确地表达自己的观点，能倾听别人的见解，并能评价同伴的结论。
③学生基本能展现自己的观点，能倾听别人的见解。

空间想象力：
①能正确、流利、清楚地对物体或图形中角的特征等进行表述。
②能基本对物体或图形中角的特征等进行表述。
③基本了解物体或图形中角的特征等。

设计意图：
①使学生结合具体情境初步认识角，知道角各部分的名称，会用简单的方法比较角的大小，初步学会画角；学生在认识角的过程中，能够培养初步的观察能力和动手操作能力以及初步的空间观念。
②纸笔测试，可以考查学生对于画角、角的各部分名称等的掌握情况，但无法考查学生的动手操作能力、空间想象力、语言表达能力等，于是我便设计了此道检测题，以弥补用纸笔测试的不足。

效果：
在测试过程中，学生都表现出了空前的高涨的学习热情，因为纸笔测试气氛比较严肃。而今，学生是在做中学到了知识，提高了能力，在做中把自己的动手操作能力和数学表达交流能力及空间想象力展现得淋漓尽致，而且学生也乐此不疲。我们何乐而不为呢？

※反思
①新的课程标准明确指出：评价的主要目的是全面了解学生的数学学习历程，激励学生学习和改进教师的教学。对数学学习的评价要关注学生的学习结果，更要关注他们的学习过程。采取动手操作的方法进行检测，符合当今的课程理念，确实考核了学生的动手操作能力和数学表达交流能力及空间想象力，产生了笔试所替代不了的效果。
②这样的测试容易使学生情绪高涨，有时教师难以调控课堂；再者，学生一个一个地展示需要花较多时间。

一句话让我震惊

今天，我讲了青岛版二年级上册"统计与可能性"这一单元中的"可能性"这部分内容。在进行到自主练习中"说一说"的环节时，有一个学生说："抛起的石头一定能落下。"

师：谁能说说理由？
生：因为地球有吸引力。
（这句话让我震惊，说出这句话的毕竟是一个二年级的孩子。）
生：这是牛顿从"苹果落地"中发现的。
（精彩！令我折服。）
生：牛顿小时候……
我索性也给学生科普了一些这方面的小知识。
……

※ **反思**

我很高兴，也很赞赏孩子们的表现，他们对自然科学的态度让人钦佩，也让人折服。

①课本提供的是例子。

课本上提供的只是教学资源，我们教师要用教材教，而不是教教材，可以开发出更多的教学资源。教师的教学活动就是借课本中的"例子"，激发学生的兴趣，培养学生的爱好，从而培养学生良好的思维品质。从学生讲出牛顿的故事中可以发现，学生能够将数学知识和自然科学知识紧密联系起来；同时数学课也可以激发学生对科学的兴趣，培养他们的创新意识和创新精神。

②和学生一起学习。

课堂是教师和学生一起学习、一起探讨、一起寻找答案的地方。我感觉放下教参，走近学生，与学生一起学习，是一件很快乐的事！

③课已下，意未尽。

尽管已经下课，但从学生的表情中我能看出他们还未学尽兴。尽管是数学课，但是学生学得很快乐。

好的数学课应该能激发学生的兴趣，拓展学生的思维，让学生心情愉悦地自主地投入学习中，让学生在课外寻找更多的知识来丰富自己，从而也使数学学习与我们的生活紧密地联系起来。

知识应来源于已有的经验并符合学生的认知规律

在今天的测试题中，有一道这样的题：
年轮密的方向朝（　　）。
A. 南　　　　B. 北　　　C. 东
这一道题是需要学生应用"方向与位置"这一部分的知识点才能解决的。

对于这道题，大部分学生做错了。即使让答对的学生说明原因，他们也说不明白。鉴于此种情况，我便给他们讲了讲，没想到，由于离学生的生活太远，我犹如被泼了一盆冷水，大部分学生依然不明白。

面对如此情况，下课后我思考了很久，与其教给学生比较抽象而离学生生活比较远的知识，不如让学生自己去观察、去体验，在做中学，在做中思考、感悟。

※反思

①应该了解学生的知识背景情况，即了解学生。

②应该给学生一定的时间去观察、去思考，找出原因，从而学会怎样去学习，即教给学生一种解决问题的策略。

③教师不能越俎代庖，代替学生思考；教学应符合学生的认知规律，从学生已有的知识或生活经验出发。

捕捉学生的智慧，促进课堂的有效生成

在昨天的测试题中，"智力冲浪"部分有这样一道题目：

在体育课上，在小明站的一排中，从前面数他是第5个，从后面数他是第8个。小明站的这一排一共有几个人？

这一道题，全班有7人做对，于是我打算今天在课堂上重点讲解这道题。我的预设是先从直观入手，然后让学生抽象列算式解决此问题。

按照预设，我找了几个学生按照题目的人数及要求排队，叫从前面数第5个的学生说一说他站的位置。这个学生说："从前面数我是第5个，从后面数我是第8个。"然后，我说："请同学们数一数，这一排一共有几个同学？"学生们回答："12个。"

我刚要进行下一个环节"怎样列算式"，这时有一个学生站起来说："我有一种方法不用同学们直接排队，而是画出来。"

我的预设中没有这样一种方法，于是我说："你到黑板上画一画，让大家都看一看。"

这个学生高兴地把他的想法画在了黑板上，又自信地给大家讲了讲。

| | | | ○ | | | | | |

这时有的学生说："可以用 ○ 表示人来画。"还有的说："还可以用……"

师：对，"画一画"这是一种解决问题的好方法，以后我们解决问题的时

候会经常用到这种方法。那么怎样列算式解决这个问题？

（学生在独立思考。）

师：有些同学已经想出来了，以小组为单位说一说你的列式方法，并说明理由。

（学生以小组为单位自由讨论。）

师：哪个小组愿意把你们小组的方法说给大家听一听？

生1：$5+8-1=12$。

师：能给我们解释一下这样列算式的理由吗？

（该生对此列式进行了一番解释。）

师：还有要问的吗？

生2：为什么要减1？

生1：因为5里面数了小明，8里面又数了一次，多数了一次，所以要减1。

生3：他分析得很有道理，我们小组的方法和他的方法一样。

突然，另一个学生说："可以$4+7+1=12$。"

这时，一部分学生持怀疑态度，一部分学生不明白，这时，我不急于评价，而是对他说："你能说说这样做的理由吗？"

他说："4指的是小明前面的4个同学，7指的是小明后面的7个同学，1指的是小明自己。"

这时，一部分学生点了点头，表示明白了他的做法。我趁机说："解决一个问题有时可以用不同的方法。"

※反思

本节课让学生说一说自己的想法，培养了学生的语言表达能力，重要的是及时捕捉到了学生的智慧，促进了课堂的有效生成。

关于"预设"与"生成"

从参加工作到现在，我已经讲过很多校级的、区级的以及市级的课，听过的国家级别的课林林总总也有不少，总觉得现在讲一节高质量的课是不成问题的。可是最近拜读了詹明道老师主编的《名师课堂经典细节》这本书后，我思考颇多，对于"预设"与"生成"这两个概念有了进一步的认识。

中国教育家叶澜说过："课堂应是向未知方向挺进的旅程，随时都有可能发现意外的通道和美丽的图景，而不是一切都必须遵循固定路线而没有激情的行程。"这不正是新课程标准要求的课堂教学应有的方向吗？课堂教学不应当是一个封闭系统，也不应拘泥于预先设定的固定不变的程式。在课堂中，教师应该注重为学生搭建展示的舞台，让课堂更多地呈现一种开放与生成的状态。教师应该能及时"抓彩"、随机应变，使每一堂课都能上出"意外"，上出"精彩"。在实施教案设计的进程中，教师要有课堂应变能力，随时捕捉学生的疑问、想法、创见等精彩瞬间，充分利用生成性资源，调整预设的教学目标、教学方案、教学活动，把师生互动和探索引向更深的层次，使课堂上发生新的思维碰撞，从而使师生有所发现、有所拓展、有所创新，促使教学的不断生成和发展。因此课堂需要动态的生成。

预设与生成犹如课堂教学的一对孪生姐妹，相辅相成，缺一不可。缺少预设的生成是肤浅的、低级的、难以把握的；没有生成的预设是机械的、乏味的、缺乏生命活力的。因此只有深入的预设才能铺就精彩的生成，但有价值的生成同样也离不开教师的引导。下面，给大家分享一下著名特级教师吴正宪"分数的初步认识"课堂的精彩生成。

教师请学生们拿出准备好的长方形、正方形、圆形纸片，让他们折出自己喜欢的图形的 $\frac{1}{2}$，同时与小伙伴交流。孩子们的指尖上跳动着智慧，他们用不同的折法表现着 $\frac{1}{2}$。

生1：我折出了圆的 $\frac{1}{4}$！

师：什么，你折出了圆的 $\frac{1}{4}$？能把你的折法介绍给小朋友吗？

生1：我把它对折，再对折就得到了 $\frac{1}{4}$。

师：很有创意！同学们大部分折出了 $\frac{1}{2}$，你却大胆地折出了它的 $\frac{1}{4}$。你能说说 $\frac{1}{4}$ 是什么意思吗？

这个学生兴致勃勃地讲出了 $\frac{1}{4}$ 表示的意思。其他学生不约而同地鼓起掌来。

师：你们还有别的折法吗？试试看！

（学生折出了 $\frac{1}{3}$、$\frac{1}{6}$、$\frac{1}{12}$、$\frac{1}{16}$……）

师：大家想一想，我们创造出这么多的分数应该感谢谁呀？看到这幅图你都想到了什么？

生2：我想到圆中的一部分可以用 $\frac{1}{3}$ 来表示。

生3：我还可以在这个圆中找到另外两个 $\frac{1}{3}$。

生4：一个 $\frac{1}{3}$ 是 $\frac{1}{3}$，两个 $\frac{1}{3}$ 是几？

生5：三个 $\frac{1}{3}$ 是不是就是那个整圆？

生6：从两个 $\frac{1}{3}$ 中去掉一个 $\frac{1}{3}$，是不是还剩一个 $\frac{1}{3}$？

……

师：同学们真了不起，你们的联想真丰富呀！把一个圆分成两份，每一份是这个圆的 $\frac{1}{2}$，对吗？

（吴老师话音刚落，全班同学已经分成两个阵营。面对学生的不同答案，吴老师没有裁决，而是让持不同意见的双方各推荐两名代表与同学商量后再发表意见。双方代表各持一个圆形纸片，都下定决心把对方说服。经过讨论准备，小小辩论会开始了。）

生1：我是不是把这个圆分成了两份？

生2：是，是。

生1：这份是不是这个圆的 $\frac{1}{2}$？

生2：是，是啊。

生1：既然是 $\frac{1}{2}$，为什么不同意这种说法？

生2：这是分成两份吗？（顺手从圆片上撕下一块纸片。）

生1：是。

生2：这是圆的 $\frac{1}{2}$ 吗？

生1：不是。

生2：既然不是 $\frac{1}{2}$，为什么要同意你这种说法？

师：祝贺你们，是你们精彩的发言给大家留下了深刻的印象。谢谢你们，正是你们对问题的看法产生了分歧，才给咱们全班带来一次有意义的讨论！谢谢！

师：小朋友们请看，像 $\frac{1}{2}$、$\frac{1}{3}$、$\frac{1}{5}$、$\frac{1}{8}$ 这样的数都叫分数。你能举出几个分数来吗？

生 3：$\frac{1}{7}$、$\frac{2}{2}$、$\frac{1}{10}$……

师：我们这样说下去，能把分数说完吗？

生 4：我知道了，分数有无数个。

师：对，分数的个数是无限的。

在这一教学过程中，学生在描述分数的意义时常会忽略"平均"两字，吴老师以此为契机，将一个预设的生成性问题"把一个圆分成两份，每份一定是这个圆的 $\frac{1}{2}$ 吗？"摆在学生面前。这个问题将学生的思维引向更深层次，促使学生自己去讨论、去论证这句话的对与错。而大家辩论的过程本身就是一种动态生成的过程，无论从哪一方面看，这一过程都是教学目标下学生理解能力的真实展示。这样生动的课堂，处处闪烁着思维的火花，促使学生的学习情感、思维品质不断发展。

由"位置与变换"检测引发的思考

昨天，我班进行了"位置与变换"这一单元的检测。不测不知道，一检测便发现了问题。全做对的学生仅有李××、徐××、王××、韩××、胥××。对于学习的 8 个方向与有关的内容，学生掌握得较好，但是也有个别学生出现了问题。对于有些根据原图形让学生找到平移之后的图形，然后找出向哪个方向平移了几个格，还有按要求移一移，画出平移后的图形这一类的题，有几个学生几乎不会。我总结了这些学生不会的原因主要有以下几个。

①教材内容没有条理。

因为原先的教材是按照循序渐进的原则设计教学内容的，所以学生掌握得还不错。而今，在新课改的背景下，青岛版的教材自有它的安排意图，但是这类知识的内容在例题中没有出现，在自主练习中却出现了。看来对于这样的内容，我应该当作例题来处理。

②没有掌握方法。

让学生通过某一项学习活动总结出方法，形成技能，提高能力，岂不更好？可能有些学生在掌握方法的时候有些困难，需要经过多次的实践方能掌握。这就是学生之间存在的差异，需要我们教师采取有效的策略。这就要求我们教师把因材施教落到实处。

经过思考，我想出了以下几个对策。

①了解原因，个别指导。

今天早上，在上第一节课之前，我在小黑板上画好了格子，用白粉笔画格子，用红粉笔画图形。我对那几个没有掌握的同学进行了个别辅导，先让他们观察，由一个图形到另一个图形发生了什么变化（平移），向哪个方向平移的，平移了几个格子，并让学生指一指。通过观察学生，我发现了问题，他们根本没有掌握判断的方法，只是找两个图形之间空着的格子。我便有的放矢地为他们讲解了一遍，谁料他们学得还很快。

②提出问题，重点关注。

在上课的时候，我把问题提出来，让学生到黑板上一边指一边讲，在这个过程中，重点关注那几个出错的学生，看他们是不是全部掌握了。此过程是在做中学，教的方法是根据学生学的方法，学的方法是根据做的方法，实践了陶行知先生的"教学做合一"的理念。

③再次巩固，形成技能。

本节课我又针对此问题出了两道题。经过检测，其中5个学生仍然出错。但是经过我的提醒，他们也已经改过来了。

※反思

①教学有法，教无定法。

针对不同的问题，只要采取有效的策略，问题总会得到解决。看来，必须处理好"全体与个体"之间的关系。只有这样，才能切实提高课堂教学质量。

②合理引导，全员参与。

在课堂教学中我发现，部分学生表现欲强，成了课堂上的"语霸"。如何调动全班学生发言的积极性，让每个学生都参与其中，是每位教师都要研究的一个重要课题。

如何限制强势学生发言的次数

在课堂上我发现，当进入全班交流自主发言的时候，总是有一部分学生的发言次数很多，久而久之，这部分学生便找到了自信，发言的次数越来越多，便成了班级里的强势发言群体。

我总在思考：这部分学生在课堂上越来越找到了感觉，可是有一部分不发言或发言少的学生的机会便被他们剥夺了，久而久之，他们就会在课堂上闭口不言，甚至会不认真倾听别人的发言，更谈不上质疑了。他们学习的主动性越来越差，这样怎能谈自主学习呢？怎能有自己的见解呢？

我思考了良久，终于有一天深夜，我忽然想到，在刘××老师的一节课上，在一个小组汇报的时候，刘老师说过这样一句话："你们小组没有让张××同学代表小组发言，而是让李××同学发的言，那么你们小组加3分。"我想：刘老师这一评价是不是给了这部分弱势学生鼓励呢？这不正是我要搜寻的答案吗？这简短的一句话，我却现在才理解其用意，真是妙不可言，妙哉！妙哉！

简短的评价却会给弱势学生以鼓舞，从而让他们产生自信心。长此下去，也许正是老师当年的评价，会激励出一批科学家、演讲家、教育家……想一想，这不正是教育所要达到的极致吗？此刻我耳边响起了一句儿时都耳熟但并不真正理解其含义的话："十年树木，百年树人。"这不正说明了教育的潜在意义、教育的长远价值吗？

我立即在第二天的课堂上把一条规定写进了班级评价标准里，并告知了学生，那就是在小组汇报时，如果小组推荐的是平时不爱发言的学生，假如他汇报得好，我就给他加比组长还要多的分数。例如，同等情况下，如果给组长加2分，那么就给他加3分。

这只是一个计划的过程，到底是否有效，那就要在实践中接受检验了。

第六节　教育教学随感随思

教育意味着：一棵树摇动另一棵树，一朵云推动另一朵云，一个灵魂唤醒另一个灵魂。教师就是那棵树、那朵云、那一个灵魂，教师可以推动孩子们走健康、快乐成长的路，用真诚无私的灵魂唤醒孩子们走向未来的灵魂。

"破窗效应"

某一日，我从博友的博文中读到以下两段话。

"破窗效应"是美国一位心理学家提出的心理课题。美国斯坦福大学心理学家菲利普·辛巴杜于1969年进行了一项实验。他找来两辆一模一样的汽车，把其中的一辆停在加州帕洛阿尔托的中产阶级社区，而另一辆停在相对杂乱的纽约布朗克斯区。他把停在布朗克斯区的那辆车的车牌摘掉，把顶棚打开，结果当天就被偷走了。而放在帕洛阿尔托中产阶级社区的那一辆，一个星期也无人理睬。后来，辛巴杜用锤子把那辆车的玻璃敲了个大洞。结果呢，仅仅过了几个小时，它就不见了。

以这项实验为基础，政治学家威尔逊和犯罪学家凯琳提出了一个"破窗效应"理论，他们认为：如果有人打坏了一幢建筑物的窗户玻璃，而这扇窗户又得不到及时的维修，别人就可能受到某些暗示性的纵容去打烂更多的窗户。久而久之，这些破窗户就给人造成一种无序的感觉。结果在这种公众麻木不仁的氛围中，犯罪就会滋生、繁荣。

"破窗效应"反映的是生活中常见的事情。但是学者们针对生活中常见的事总结出了一套成功的理论。真是学无止境呀！在学校里，刚开学时被粉刷一新的走廊墙壁，没过几天便有了手印或脚印等，很快这种印迹会越来越多；在家中，干净整洁的桌子上如果有人放上了东西，不久桌子上就会变得乱七八糟；同样在一个很干净的地方，如果有人在那里扔了一小袋垃圾，其他人就会毫不犹豫地随地乱扔垃圾，丝毫不觉得羞愧。

教师在教育教学过程中也经常遇到这样的问题。在一个学生做出不良行为时，如果教师不及时制止，听之任之，那么这种不良行为会成为习惯；一个学生的作业中出现了知识性错误，如果得不到及时纠正，以后这类知识性错误就会越积越多，这个学生甚至会成为差生……

这样的例子不胜枚举，关键是教师要处理好学生"第一次"出现的不良行为。我班上的一个学生书写一直不认真。我反思了一下应该是这个道理：每次批完作业，我都不忍心让他重写一遍，所以只是对他说"下次一定认真书写"。他当即答应，可下一次交作业的时候，又故态复萌，没有实质性的转变。

今天，我就试用了"破窗效应"的这个理论，对他说："你的作业全对，很棒！但书写不够认真，再重写一遍！"过了一会儿，他就把作业又交了上来，谁料与早上交的简直天差地别。这次的实验也证实了教师要处理好教育教学过程中的"破窗效应"。

他的眼里大放异彩

张×是本学期转到我班里的一个男生。在他转过来后的第一周内，可能由于不熟悉班里的同学，不熟悉班里的环境，也可能是想给老师留一个好的印象，他表现不错，在课堂上能做到认真听讲，不影响其他同学听课，也能回答问题。我想：他还是一个比较聪明的学生嘛！

可是好景不长，从转过来后第二周开始，他上课便坐不端正，经常回头说话，拽同桌（女生）衣服的现象时有发生……更为可气的是，当同桌向老师报告时,他还据理力争,不服气。我批评过他,但是收效甚微。我又改变了策略,婉转地告诉他怎样才能成为一个好孩子,并时刻提醒他好孩子的标准,谁料效果只是比上次好一点点。我总是在思考:在课堂上,我应怎样做,他就感兴趣了?

今天,我上了一节"数线段"的课。在小组交流时,我故意到他的小组里,发现他的方法简捷易操作,并且他还能讲给小组内的同学听,其他学生也都认可他的方法。于是在小组汇报时,他和另一个学生代表小组发了言,全班学生也都认可了这种方法。

我发现在这节课上他没有做小动作,更没有影响其他学生,而且在交流时更是表现甚佳。当教师和学生对他们小组的方法做出了肯定的评价时,他的眼里大放异彩,注意力异常集中。

※反思

①授课的内容是他感兴趣的,他就集中精力,但是在我教授他不感兴趣的内容时,怎样也让他约束自己呢?

②得到别人的认可使他获得了成功感。我应该给每一个学生提供获得成功感的平台,让人人都获得成功感,健康快乐地成长。

③尊重个性差异,因材施教。这个案例充分说明了学生的个性是不同的,我要怎样尊重学生的个性,因材施教呢?正像有位哲人曾说的"世上没有完全相同的两片树叶"一样,世上也没有完全相同的两个学生,教师的任务就是在尊重学生个性差异的基础上,做到因材施教,从点滴做起,从细微处做起。

谁影响了她

李××是我班上一位性格活泼的小女孩,她在课堂上积极回答问题,思维比较灵活,语言表达能力较强。自从她加入以王××为小组长的小组后,他们小组一直是优秀小组获得者。可是近来由于调整了座位,小组的成员发生了变化,她现在的同桌是张××。自此以后,课堂上积极发言者中没有了她的踪影,她亦失去了往日的风采。我在前面讲,她和同桌在自娱自乐;对于同学的发言,她同样是置之不理,充耳不闻。

对于以上现象,我观察了良久。终于有一天,在全班学生进行单元检测时,我找到了谈话的机会,我发现他们两个的课桌中间不但不挡上书包,而且在互相抄袭。我走过去询问原因,没想到李××却委屈地哭了。

她边哭边说:"张××抄我的,我也抄他的。"

我问:"为什么?"

她说:"我不愿意跟他同桌,更不愿意在这个小组,原来我在王××的小组的时候,我们一直合作得很好。而张××上课一直和我说话……"

听到这些,我在想,原来这就是她前后判若两人的原因。我之所以调整小组,是想让她带领这个小组,把这个小组带领好。现在看来,事与愿违,她不但没有把这个小组带领好,反而自己也深陷其中,与他们一样违反纪律,不能自律。

李××的这种状况,让我深刻反思。有些学生因自制力与判断力差,会受到周围因素的影响,周围的学生好,他们也会变得好;周围的学生纪律差,他们也会变得纪律差。这就是"近朱者赤,近墨者黑"。对于一个小学四年级的学生而言,她的自制力与判断力还尚未成型,可塑性极强。可见环境的影响是多么重要啊!有些学生因为自制力强也能不受环境的影响,会按照老师或家长的要求去做,可这毕竟是少数学生。

作为一名教师,我们不光要"授人以渔",更重要的是要不失时机地教育好学生,为学生的发展创造良好的教育环境。这是极其重要的。

充满优越感的他在悄然变化

邵××是我校一位教师的儿子。记得刚上一年级的时候,羞涩的他从不离开妈妈半步,放学后,只要看不到妈妈,就必然会哭。过了一个多月,他已经不再依赖妈妈,就像小鸟儿长大了一样,自己可以独立地去觅食。他进老师的办公室从不打报告,俨然就是办公室的一员,因为他是自己妈妈班上的一名学生。

一个学期下来,他已成了班上的核心人物。班里因有他而纪律较差,更有甚者,他说他是班里的大王。另一位教师的孩子邓××在将要上一年级时,曾跟妈妈说过一段话,值得我们深思。

邓××:"妈妈,我上学的时候,你教我吧!"

妈妈:"为什么?"

邓××:"因为你教着我,我就是班里的大王了。邵××已经是他班里的大王了,班上有二十多人都得听他的。"

上面这段话竟出自一个六岁的孩子之口!这就是周围环境的影响。在他的心中有这么一个影子。我们试想一下,要在他的心中消去这个影子,不知需要多长的时间。

渐渐地,两年过去了,可能邵××的妈妈已察觉到让他待在自己的班里会造成多大的影响，班级的纪律将会继续涣散下去，到了高年级将会更加难以管理。于是她费尽了周折，在三年级下学期时，把邵××转到了我所教的班级。

刚到我班时，他有些不适应，在课堂上几乎不会听讲，下课经常招惹同学。在老师批评他的时候，他脸上露出的是一副不屑的表情；课后不会与同学相处。对于一个孩子来说，几年养成的坏习惯一时难以改正，他需要时间、耐心以及正确的引导。就这样，我在课堂上对他经常表扬加批评，课下找准时机就同他进行个别谈话。

本学期刚一开学，我发现他在课堂上渐渐遵守纪律了。虽然有时也管不住自己，违反纪律，但与上学期相比好了许多。

一天上午我正在上课，他却和同桌魏××不知在抢什么。我走过去，询问并了解了情况。原来他没有带笔，于是便强行去拿同桌的笔用，同桌不让，他们便打了起来。我委婉地批评了他，这次，他还算是知错，虚心接受了批评。谁料，没过多久，魏××却哭了，她说："邵××在报复，用脚踢我。"我又耐心地说了邵××一番。

下课后，魏××找到了我说，她不想跟邵××继续做同桌了，并说了以前邵××是如何如何欺负她的。我想："坏了，他的老毛病又要犯了。"我再一次把他叫到教室外，同他进行了一次十几分钟的谈话。

第二天上课，他竟然又把同桌的本子当成了自己的草稿纸。我只问了他一句："这是你的本子吗？"他二话没说，脸唰地一下变红了。我知道，此时无声胜有声，教育的目的达到了。从孩子的表情中，我能读懂，他知错了。

邵××对待老师批评他的态度，由"不屑"慢慢到"脸红"，经历了一段漫长的历程。可见人为的优越性害了他。教师要想改变他，就要付出更多的精力与时间。

※ 反思

以上案例中孩子的优越感是妈妈有意或者无意间给孩子的。他处于一种比别人"优越"的特殊环境中。这种特殊的环境，让孩子不知道怎样做才是对的。由于孩子年龄小，把家里和学校混为一谈，没有办法界定自己的角色，更没有办法界定妈妈的角色，故孩子会出现以上的情况。但是作为家长，不能不重视这一点，对于孩子在自己学校上学，是否安排在自己班级里，更应该慎重。

以上案例还告诉我们一点，环境在孩子的成长过程中起到极其重要的作用。给孩子创造良好的教育与生活环境是非常重要的。

一个好习惯养成需要很长的时间。而坏习惯，学生往往一学就会。要想改掉一个坏习惯，需要付出很大的代价。到现在为止，上述案例中的邵××在悄然改变，其中他所付出的努力是无法用语言来表达的。

一次摔倒

　　记得那是刚刚参加工作不久，我在讲完某一节课后从讲台上往下走时，突然摔倒在地，当时，我疼痛难忍，想爬起来，却又不能，我真正体会到什么是心有余而力不足。这时，全班68双眼睛顿时投向了倒在地上的我，竟然没有一个人上前扶起我。因碍于在学生面前，我忍住了泪水，在地上坐了一会儿，终于勉强站了起来。此时学生你看看我，我看看你，没有一人发言，也没有一人跑上前来搀扶我。

　　我稍做整理之后，坐在凳子上继续上课，一节课在我的疼痛中渐渐过去。

　　下课后，我坐在教室里批改学生的作业，大部分学生像没发生什么事似的，小鸟般地飞出了教室，飞到操场上去了。

　　不一会儿，杨×同学在我眼前转来转去，犹犹豫豫，欲言又止，满腹心事的样子，与往日的调皮的他判若两人。

　　我问："杨×，你有事吗？"

　　他说："老师，我想……我想问问你还疼吗？"

　　听到这儿，我一把拉过杨×，把他抱在怀里，委屈的眼泪止不住地流了下来。

　　我拍着他的肩膀说："谢谢你，杨×，平时老师对你关心不够……"

　　他茫然地看着我，一副全然不理解的神态。

　　我边说，脑子里边浮现出他平时的表现：活泼好动、调皮而又自制力极差。为此我们几个老师动了不少脑筋，想出各种有利的办法帮助他，但收效甚微。因为我们的办法屡试屡败，所以对他已经有些失望了。

　　我真的没想到，平日那么一个不被老师关注，而且又多次让老师失望的学生，他竟然有一颗关爱之心。

　　我真的很感动！感动之余我又反思自己的教育行为：平时被我关注的所谓"好学生"又到哪里去了？人与人之间的感情在学生中竟如此淡漠。此时，我深刻地理解了"教书育人"的道理。我们不仅要"教书"，更重要的是要注意"育人"。

　　自此之后，课间杨×经常跑到我的身边说这说那、毫无拘束，在课堂上有时也会回答问题，不再像以往那样调皮了。

一个不经意的举动作用无穷大

最近几天，我班上有一个学生与上学期简直判若两人。他就是桂××。一连几天，他的口算进步很大。在课堂上，为了鼓励他，我还让他在班上解释了为什么他的口算进步这么大。当时他有点儿受宠若惊，羞怯地说："我回家多做练习了。"我曾想找他的家长，亲自告诉他孩子进步的好消息，可是由于种种原因，最终没有见到他的家长，此事也就搁置了。

直到上学期期末开家长会，我终于见到了他的妈妈，我便把这件事一五一十地告诉了她，并对她说："这孩子不错，有潜力，希望家长要多关注他。"他妈妈听后激动得热泪盈眶，连连说："都怪我们当家长的，以后一定多关心孩子的学习，谢谢老师！"

今年春节，我忽然收到他的家长给我发的拜年的短信，我也回复了，除了拜年之外，还叮嘱他们一定要关注自己孩子的学习等。

今年开学后，我班学生学习了第一单元"有余数的除法"。在学习了3课时后，我便进行了小测验，谁知，全班只有十几个学生全对，其中就有桂××。这确实让我很吃惊！可细细一想，这也没有什么好吃惊的。他的家长配合老师，多关注了自己的孩子，真是"几分耕耘，几分收获"啊！

这件事让我深深地反思自己的教育行为，对待学生，教师要有"一个都不能少，一个都不能放弃"的态度和决心。

语文——让孩子鼓帆前行

课外阅读，用形象的话来说，既是思考的大船借以航行的帆，又是鼓帆前进的风。没有阅读，就没有帆，也没有风。阅读就是独立地在知识的海洋里航行。

——苏霍姆林斯基

读到此段话时，我领悟到：语文的作用就是让孩子鼓帆前行。所以我们的孩子们没有理由不学好语文，我们的教师更没有理由不好好揣摩怎样教好语文，怎样让孩子们爱上阅读，使孩子们不仅做到好读书，而且要"求甚解"。

我从李希贵局长撰写的《为了自由呼吸的教育》中得知，他曾做过一次实验。在高三学生进行语文期末考试时，他让自己正在上初一的儿子和正在读初三的侄女一起参加了这次考试。卷子是混装在高三学生试卷中批阅的，结果是，高三全年级的平均分是84.5分，他读初一的儿子考了82分，他读初三的侄女考了85分。

此结果令大家反思，究其原因，是这两个孩子积累了较大的阅读量。

我们现在的孩子们正在上小学，我校甚至我市正大力倡导孩子多读书。值得庆幸的是，现在的孩子们赶上了好时机。让孩子们通过大量阅读拓宽视野，在优美的文字中体验现实生活中不可能体验到的丰富多彩的生活和情感，从而让他们自己思索、感悟。这些都是老师的讲授所代替不了的。

此倡导甚好，但如果做到"好读书而求甚解"，岂不是更加锦上添花？

让孩子们爱上语文吧！语文会助孩子们鼓帆前行的。

谈读书

每当谈起读书，人人都能说上一些话，甚至有的人会滔滔不绝，让别人插不上嘴。最近，我越来越觉得自己读的书太少，故应该多读书。可是读哪些书比较合适呢？我认为应该读以下几种类型的书。

一、经典

经典是前人智慧的结晶。我们如果读这一类型的书，可以间接地学到一些经验，从而少走很多弯路，何乐而不为呢？俗话说："读书可以使人明理。"的确如此，我们从书中可以找到很多问题的答案。古语有云："书中自有黄金屋，书中自有颜如玉。"尽管其中的读书价值取向与现在的不同，但我们也能从中看出读书的重要性。

每每反思自己，我发现自己以前读的经典太少，没有读此类书的意识，更谈不上行动了。现在，我已到不惑之年，才有此感，抓紧时间读书应该不晚。在以后的日子里，我会主动读一些经典，汲取经典的营养，使自己取得更大的进步。

二、无字书

所谓无字书，即综合实践活动。人们应在实践中增长知识，启迪思维。因此，读书不仅要读有字书，还要读无字书。作为教师的我也应该让学生学会读无字书，结合学科内容，在实践活动中增长学生的才干。

三、专业书

所谓专业书，是指与自己的业务相关的一些书籍。如教师应该多读一些与教育教学有关的书，掌握教学技巧。此外，教师还应该及时写下感悟或反思，只有这样才能印象深刻，才能把理念付诸实践，经历一个"理念—实践—反思—再实践"的过程，最后形成自己的教学特色。

在以后的日子里，我会有选择性地多读一些专业性的书籍，以便学到更多教育教学的高效策略，使教育教学工作更好地开展。我所追求的是"教育无痕"，要让学生感到学习是快乐的、有趣的、高效的。

牛同马赛跑

"牛同马去赛跑，当然是牛输了。但是牛的失败并不证明牛的无能，倒证明让牛和马去赛跑的人的无知。"

当我从李希贵局长撰写的《为了自由呼吸的教育》一书中读到上面这两句话时，我陷入了深深的沉思。

教师在教学实践活动中，应尊重学生的差异，正视学生的差异，欣赏每一位学生的优点；要让学生自己进行纵向比较，挖掘自己的潜能，找到自己的优势并保持优势。久而久之，学生的自信心自然会得到增强。有些学生的学习成绩虽然暂时落后，但是教师可以通过组织一些日常的班级活动，如运动会、歌咏比赛、绘画比赛、手工比赛等发现他们的特长，表扬他们、欣赏他们，让学生从活动中找回自信心。学生一旦有了自信，自然会对学习产生兴趣。俗话说："兴趣是最好的老师。"到那时还愁学生的学习成绩不好吗？学生自然也会由"要我学"变为"我要学"。

在学校的管理工作中不也存在这样的现象吗？在实际管理中，管理者完全可以让一部分有特长的教师发挥特长，以调动其积极性，激发其工作热情。例如，有的一线教师虽然备课、上课不专心，作业批改不及时，所教班级学生的学习成绩暂时落后，等等，但是其对于某一项目却情有独钟。这时，管理者可以组织一个学生社团，并让这些教师来训练学生；或者让在校的教师组成一个教师社团，利用课余时间自愿训练和参加相关比赛等，从而调动其积极性；或者调整其工作岗位，发挥其特长；等等。总之，要调动这部分人的积极性，不能只用教学上的一个标准来衡量他们，可以创造性地挖掘他们的潜能。从某种意义上来说，这也是提高教师素质、培养个性化教师的途径。

无论在工作还是生活中，教师都要谨记"牛同马赛跑"的故事，并引以为戒。

假期充电

不知不觉，假期已经过去了。在忙碌又充实的假期中，我虽然也有自我提升的打算，但都断断续续，有时甚至搁浅。我真想独自一人——没有上级业务部门的任务，没有电话打扰，没有……静静地读上几天书，认真反思，用心提炼。那样的日子是我梦寐以求的。

在此期间，我阅读了潍坊市教育科学研究院编写的《"345"优质高效课堂教学设计与评估》一书。书中论述了优质高效课堂建设的背景、理论基础、教学原则、教学结构与流程、评价的基本要求等。通过阅读，我明白了"3"指的是每节课都有三个阶段，即课前延伸、课内探究、课后提升；"4"指的是课内探究的四个环节，即自学探究、合作交流、精讲点拨、巩固练习；"5"指的是五种课型，例如，小学数学可以分为新授课、解决问题课、复习课、练习课、讲评课。书中对于每一个环节都做了详细说明，给出了具体的操作方法，从理论到实践深入浅出、高屋建瓴，为教学工作提供了依据，非常值得一读。

我还阅读了全国数学特级教师李烈撰写的《给生命涂上爱的底色》一书。作者一路从一线数学教师升为北京第二实验小学的校长，书中记载了其从参加工作到一步步成长为一名特级教师的点点滴滴，并叙述了教师应该怎样做研究、如何反思等。我深受触动。李老师把一些做法概括提炼了出来，让我懂得了许多，使我明确了下一步应该怎样去做，怎样做好教学及育人工作的每一步。

李烈老师"以爱育人"的理念像一盏明灯，指引着我未来的教学道路，使我明晰了今后的工作目标。

春去春又回。小草已偷偷地从土里钻出来，又到春风染绿江南岸时。不必等待，不必徘徊，我们教师应以实际行动投入新学期的教育教学工作中。

追求幸福完满的教育生活

学校某个周一的计划是各工会组利用集体学习时间学习《用教育科研改善教育生活》和《一次对话：教师可以做研究》两篇文章，并结合实际写出个人心得体会。

我平时对教学研究比较感兴趣。这不仅仅是因为工作岗位的变动需要我去做教学研究，更重要的是，通过研究前一阶段的"小学数学多元能力发展与评价"这一课题，我具备了一定的研究经验，我在课堂驾驭能力等方面也有了很大的提升。虽然我在研究的过程中曾遇到过"摸着石头过河"的情况，也曾遇到过"前途未卜"的情况，但是，最后总算经历风雨见到了彩虹。我从中也受益匪浅，信心倍增。从此我便把做教育研究作为一种追求，作为我实现幸福完满的教育生活的途径之一。

我主动到学校的网站上下载了这两篇文章并打印了出来。因为是在下午，正赶上办公室里人声嘈杂的时候，我粗略地看了一遍，然后便将之装进包里，打算带到家里细细地研读一番。

夜空中只剩下繁星在闪烁，我在书房里仔细拜读着这两篇文章。在夜深人静、万籁俱寂的时刻，没有人打扰，思绪如流水般涌出。我情不自禁地打开电脑，让我的感受通过指尖的敲打流泻出来，留下探索的足迹。

一、记录问题——研究的前提

"对于指向教材的研究来说，文本资料特别重要。就像一个拼图游戏，你想要研究的问题会随着材料的累积而逐渐浮现，越来越明晰地凝聚在你的周围，最终真相大白。"

对于这一段话，我有同感。忆往昔，当我含泪依依不舍地把教了六年的孩子们送上新的征途（升入初一）的时候，我的心情空前失落，整个人瞬间像被掏空了一样。那时，我的心情有很长一段时间都未调整过来；直到新学期开学，我又接了一年级的一个班，看到天真烂漫、童心未泯的孩子们，我的心情才逐渐好转了起来。恰巧学校让我负责"小学数学多元能力发展与评价"课题，虽然关于这一课题的研究正处于迷茫期，但是我毅然接受了这个任务。经过区里的多次调度，我把研究的过程、研究中成功的地方及自己的困惑等都一一记录了下来。随着材料积累得越来越多，我的思路逐渐清晰，之前的困惑也慢慢得到了消除。

二、强烈而持久地关注——研究的过程

"做研究，需要强烈而持久的关注，与孩子、与文本、与自我进行深入交流。这样的创造能让你活在真实中，获得自我存在感。"

的确如此，每一节课我都在感动着，每一次在与学生的交流中，以及从学生与学生的交流中，我都能体会到个中滋味。每一次交流都是心与心的交流、心与心的碰撞；每一次交流都能让我重新审视自己，再次成长。每次我都会把学生的表现及出现的问题记录下来，并反思自己的教育行为，思考哪些是成功的，哪些是需要继续探索的。例如，我原本已经探索出了一套行之有效的提升一、二年级学生计算能力的方法；但是到了三年级，随着内容的增加，提升学生计算能力的方法仍有待继续探索。经过分析我发现，学生对于计算方法都能掌握，但在口算上需要下功夫、形成技能，只有这样，才能做到熟能生巧。要做到这些，我就必须强烈而持久地关注要研究的课题，持之以恒，要有"衣带渐宽终不悔"的精神。

三、思想和行动相结合——研究的保证

"教师不能简单接受和运用他人的思想成果，而是要让思想成为行动。"

以前当我看到一些教学上的好文章时，也曾心潮澎湃、热情高涨，即刻便有跃跃欲试之感，想去做研究。但那只是思想上有了想法，行动上根本没有实施。我之前讲公开课，只会一味地借鉴别人的成果，并没有自己的思想，有"人云亦云"之感，只知其然而不知其所以然。现在，我不仅有了自己的想法，而且还有意识地把思想与行动紧密地结合了起来，用学到的理念指导实践，并在实践中验证理念。对于合理的理念，保留并继续运用；对于不合理的理念，找出原因后再实践。通过这样反复实践，我把思想与行动结合了起来，研究颇有收获。例如，在我负责的课题中，我在本学期尤其注重对学生质疑能力的培养及课堂上对学生的评价。一次次的失望、一次次的欣喜，让我更义无反顾地继续实验、继续研究。

总之，教学研究使我一次次有了新的认识，每一次新的认识又给我带来了新的思考与目标。研究使我的教育生活不再枯燥，我所追求的是一种幸福完满的教育生活。

《从"衡水中学教学模式"中如何启发西山学校高效课堂改革？》读后感

我有幸拜读了《从"衡水中学教学模式"中如何启发西山学校高效课堂改革？》一文，了解了衡水中学教学模式——"三转五让"。所谓"三转"，是指变注入式教学为启发式教学，变学生被动听课为主动参与，变单纯传授知识为知能并重；所谓"五让"，是指在课堂教学中，能让学生观察的要让学生观察，能让学生思考的要让学生思考，能让学生表述的要让学生表述，能让学生自己动手的要让学生自己动手，能让学生自己总结的要让学生自己总结。

我认真阅读，反思了其要义。实际上，这正是课改所要求的：课堂上应真正体现出学生是学习的主人，学生学习的方式是自主探究、合作交流、动手操作；而教师是课堂的引导者、参与者和组织者。一所优秀学校应该从以下几个方面去做。

一、凝聚理念，打造独特校园文化

俗话说："一个好校长就是一所好学校。"究其内涵，无非就是校长的眼界和格局决定了一所学校的发展前景。因此，学校首先应明确自己的办学理念，

从办学愿景、教育理念、校训、培养目标及教育主张五个方面入手，将公平理念贯穿于教育教学管理的始终，把"人"的发展置于学校发展的中心地位；关注个体差异，以服务、实现每一位学生的成长为目标，关注每一位学生全面而又具个性的发展。

例如，打造独特的校园文化，明晰学校的办学理念。一个人或一所学校品质的优劣，在很大程度上取决于其文化修养的高低。因为文化从本质意义上来说如同春风、春雨，不仅可以"化"人，还可以点亮人生。恰如荀子所说："蓬生麻中，不扶而直。"作为学校文化主要组成部分的物质文化、制度文化与精神文化，在有形与无形中作用于学校中的每一个成员，让他们在耳濡目染中受到熏陶与影响，不自觉地"化"入其中；将其内化成一种习惯，升华成一种品质，外化出一种行为与气度。正如美国教育理论家古德莱德所说："学校是具有文化品位和精神感召力的场所。"

二、凝心聚力，创建优秀团队

创建优秀学校的重点在于创建一支优秀的教师队伍。学校应加强师德建设，突出学校名师、立德树人标兵等群体的示范带动作用；注重教师专业化水平的提升，组织教师积极参加各级各类培训；加强科研引领，组织教师积极参与小课题研究。

学校的育人目标是通过广大教师来实现的，一所学校的特色打造往往需要教师教学经验的积累与升华。教师是学校的真正财富，所以学校要关注教师的职业生存状态与生命质量，通过教育实践变革，使教师体验到教师职业的尊严。

三、打造特色，开发多元课程

创建优质学校是一种行动，根本在"实"。所谓细节决定成败，所以学校管理者要求真务实，抓好学校工作的过程管理，实现学校工作的全面优化。

学校应设置多元化的课程。首先，学校要建立与学校新理念、新目标、特色相适应的课程体系，构建课内与课外、学科课程与活动课程、显性课程与隐性课程并行的课程模式；结合学校自身特色，注重课程建设的校本化、规范化、体系化。其次，学校课程应具有鲜明的地域特色和文化特色，能体现学校的办学理念和核心价值追求。最后，学校还应严格规范课程实施，全面开设国家课程、地方课程和学校课程，做到开齐课程、开足课时、开好课程；创造多种课程形式，开好选修课程，丰富课程选择，真正满足学生的个性化需求。

四、开拓创新,创建优质高效课堂

学校应强化过程管理,建立科学的课堂评价和教研机制;重视个性化教学法,做到有实招、求实效,扎扎实实抓深、抓细、抓好。学校可借鉴衡水中学坚持落实"三实(真实、朴实、扎实)、"三声"(笑声、赞美声、惊讶声)、"三度"(参与度、有效度、鲜活度)"的教学理念,切实打造高效课堂。

教育教学质量是一所学校的生命线。要想提高教育教学质量,必须从课堂上抓质量,因为课堂的授课内容是育人任务的载体。课堂是教学和新课程实验的主阵地。课程改革的核心环节是课堂教学改良,课堂教学改良的关键在于教学模式和教学方法的改良。学校应改变单纯以学科逻辑组织课程内容的做法,把课堂还给学生,探索能引起学生兴趣的教学方法。只有通过课堂教学,才能把理想的课程转化成现实的课程。学校应改变课程实施过程中过于强调接受知识、死记硬背、机械训练的现状,倡导学生主动参与、乐于探究、勤于动手,培养学生搜集和处理信息的能力、获取新知识的能力、分析和解决问题的能力及交流与合作的能力。

五、多元评价,助力学生卓越发展

按照评价的多样性、差异性、发展性、激励性、科研性原则,基于实证与数据,学校应更加突出考查学生的核心素养,促进学生卓越发展、全面发展、终身发展;最终使学生提高发现问题、解决问题的能力,切实增强学生的社会责任感。

第二章 教研相长

我们只有通过学,才会知道自己的不足之处;通过教,才会知道自己的疑惑。知道有不足,才能促使自省再学习;知道有疑惑,才能奋发图强。因此,教与学是互相促进、共同提高的。

一是以研促教。教师只有通过研究课堂、研究教育教学规律,才能有效提升自己的教学效果。积极从事科学研究可以使教师具有更强的研究能力,更好地掌握学科的研究方法,创建优质高效课堂,培养学生的多元能力。

二是以研促学。"纸上得来终觉浅,绝知此事要躬行。"学生在教师的指导下、在做中学,运用所学的知识来解决实际问题。在研究的过程中可以加深对所学知识的理解,同时可以培养和提高学生解决问题的能力。

我在"小学数学多元能力发展与评价"的实验过程中,没有现成的经验可以借鉴,只能摸着石头过河、边实践、边研究、边总结,以教学促研究。

第一节 课题教研

曙光初露,信心倍增

2008年冬,区教科研中心在我校召开了"多元能力评价阶段性总结大会"。大会由区教科研中心的苏老师主持,共分四个阶段进行:首先,由我校和另一所小学做了"课堂数学活动与测试活动"的学生案例展示;其次,由我校和几个兄弟学校进行了汇报;再次,全体与会人员现场观看过程性展示材料;最后,由市教科院的孙主任对本次教研做了指导性的总结。本次教研犹如春天的甘露——及时、指导性强,使我受益匪浅。现把本次教研的点滴体会总结如下。

一、明确了什么是"数学活动"

通过教研，我明确了"数学活动"首先是指有数学意义的活动。小学生多元能力的发展，主要靠教学中设计的数学活动来促进。数学活动是培养多元能力的载体。所以教师要有目的、有意识地在课堂教学中去设计数学活动。设计数学活动要从偶发性计划、从个别向常态转变。

二、有意识地组织数学活动，培养学生的多元能力

古人云："知之者不如好之者，好之者不如乐之者。"兴趣是需求的内驱力。学生只有对数学有浓厚兴趣，他们才会主动积极地去学习。数学教学活动应以使学生爱学数学、乐学数学为根本追求，所以激发学生学习数学的积极性是提高教学效率的重要保证。

通过教研，我明确了教师在数学教学活动中要有意识地组织数学活动。首先，教师应把原先注重的知识教学目标改为知识与能力并重的教学目标。所以，每节课都应有相对应的能力培养目标。学生的数学能力是在认知数量关系和空间形式的过程中发展起来的。离开了数学知识和必要的教学活动，数学能力的发展也就无从谈起。因此，我认为，能力评价体系的构建既离不开"数学知识"这个载体，又需要教师在教学活动中评价学生的数学能力。构建能力评价体系的主要目标不是对学生的能力进行鉴定性的评价，而是促使教师把培养学生的能力作为教学中的自觉行为。例如，在教授有余数的除法时，教师可以这样设计数学活动。

请同学们拿出准备好的11根小棒，并出示如下几个问题。
① 11可以怎样分？用小棒分一分，平均分成几份，余几？还可以怎样摆？
② 用算式来表示上述过程。

上述数学活动可以培养学生的数学化能力、实验操作能力及表达交流能力。

三、有意识地设计数学活动，对学生的多元能力进行评价

传统的教学评价是"应试教育"的产物，有着很大的局限性，评价内容片面、形式单调、方法单一，已经不能适应素质教育的要求。在辩证唯物主义思想的指导下，教师应尝试着对传统的教学评价进行改革，以期初步建立素质教育的评价体系。例如，可以设计一些数学活动，在活动中评价学生多元能力的发展情况。

四、以后亟待解决的问题

①在进行单元评价时，针对部分内容，要通过设计数学活动对学生进行多元能力评价。

②对于单元评价，可以通过条形统计图来展示对全班学生的评价情况，让每一个学生明确自己的位置。这和以前的考试成绩排名有质的不同。

③可以通过折线统计图来让学生比较直观地看到自己能力的变化。

④根据学生个人的各项能力评价情况，出具一份评价报告。在具体操作上，教师可以根据对学生平时表现的评价记录设计表格，对应各项能力分为A、B、C等级，让学生及家长明确一学期内学生各项能力的发展情况。

"路曼曼其修远兮，吾将上下而求索。"这次总结会犹如给大海中迷失方向的舵手指明了方向，让我信心倍增，找到了努力的方向。

集体教研，明确方向

初春伊始，春寒料峭，我们到青年路小学参加了一次集体教研活动。通过这次教研活动，我更加明确了方向，坚定了信心，决定一丝不苟地研究下去，坚持不懈地在这片教育的沃土上继续耕耘。

从我参与"小学数学多元能力发展与评价"这项研究活动到现在，已近两年。回想过去的时光，在实验伊始，我犹如一个懵懵懂懂的孩子，一切都在摸索中前进。正如市教科院的孙主任所说："我们是一群拓荒者。"那时因为我负责学校的教学及科研工作，嵇校长把这个实验课题分给了我，让我来负责。虽然当时我参加市里组织的省教学能手选拔活动落选（只因没有省优质课），并且参加市政府成果奖评选活动未能获奖，但我不想在教育这片天地中就此平庸度日，希望创造出属于自己的一方教学天地。

我翻阅了大量与该研究相关的书籍，到网上搜寻相关的资料，在理念上先行一步。一开始，我只在评价的多元化上下功夫。例如，我制作了课堂反馈记录表，增加了学生的自我评价、小组评价；一周结束后，让家长及时了解孩子在学校里上课的情况。对于单元测试题，除了教师的等级评价之外，我还设计了学生自我评价、家长评价专栏。对课堂作业的评价既包括教师的评价，也包括个人、同伴及家长的评价。为了激励学生大胆发言，我曾采取了这样的评分标准：每节课发言一次，在书上盖一颗小星星，一周累计3颗以上，在班级墙上的综合评价表上加1颗星；只要小组人人都发言，便在小组评价表上加1颗星。这样做一段时间后，学生发言的积极性提高了。但是我的工作量非常大，而且我感觉没有触及评价的实质，也找不到更好的方法，在一段时间内一直处于迷茫之中。

在我主动和孙主任进行交流并且得到孙主任的指导后，我在课堂上开始注重对学生进行多元能力的培养。渐渐地，学生的计算能力有所提高。原因是，我原来并不怎么注重学生的计算能力，而现在在培养学生计算能力的基础上采取了一系列的举措。我认为这一教学策略还是行之有效的。我的具体做法总结如下。

①寓计算于生活情境中，激发学生对于计算的兴趣。

计算教学是用抽象的数来研究更为抽象的算理和方法，这令教师和学生都感到枯燥。可正确熟练地计算却是学生应具备的基本技能，是数学中用以解决实际问题的重要工具。怎样使枯燥的计算教学更贴近学生的实际，怎样激发学生对计算的兴趣，是教师在备课时经常要考虑的问题。在实践中我慢慢摸索到，让学生在具体的生活情境中、在解决问题的过程中去学习计算，能够使枯燥的计算教学变得生动有趣。例如，我在讲"20以内的进位加法"时创设小动物采摘苹果的情境，分别出示每只小动物的采摘结果。小猴子的盒子里有9个，盒子外有3个；小松鼠的盒子里有8个，盒子外有6个……请学生摆一摆，算一算每只小动物共摘了多少个苹果，再说一说自己是怎样想的、怎样算的。开放的情境给学生提供了选择与创造的空间，使学生能够很快掌握算理和方法。这样不但培养了学生的计算能力，还培养了学生解决实际问题的能力，达到学以致用的目的。

② 3分钟口算练习。

在每天的数学课上，我都会让学生进行3分钟的口算练习。例如，读算式，说得数；看算式，写得数；听算式，写得数。具体做法是：我把口算题写在口算卡片上，一次只出示一张，每次停留1~2秒钟，然后反扣卡片，让学生记忆原题，说出得数或写出得数；或者让学生听我说完算式后，立即写出得数。这样训练了大约2个月，学生的注意力集中了，记忆速度提高了，从而计算能力也有了明显提高。

③设计计算小测验。

我经常在全班进行计算小测验，定时不定量。例如，我在测验学生对"20以内的加减法"这部分内容的掌握情况时，在1分钟内出示了20道题，竟然有四五个学生能做完并做对，大多数学生都能做对10道以上。有一次，我在3分钟内出示了60道题，竟然有3个学生都做对了，大多数学生能做对35道题左右。对于达标的学生，我给每人加了1颗星；对超额完成的，每人加2颗星。

④组织丰富多彩的竞赛活动。

为了提高学生的兴趣,我还在一学期结束时组织了计算竞赛,举行了课堂作业月内无错题的活动;凡是达标的学生都有加星的机会。

⑤有效地对学生进行评价。

对于学生计算能力的评价,我会根据不同的口算内容和难易程度定等级。例如,20以内的加减法口算,1分钟做对10道以上为"A"级,加星2颗;做对8道或9道为"B"级,加星1颗;做对8道以下为"C"级,不加星,需努力。

我通过以上几种训练方法,激发了学生的学习兴趣,使其计算能力有了显著提高。

通过采取以上措施,我对实验班和对照班进行了口算测验。时间是5分钟,有84道100以内的加减法口算题,计时不计量。经测验,结果见表2-1和表2-2所示。

表2-1 实验班(参加测验66人)的口算测验成绩表

答对的题数(道)	80～84	70～79	60～69	50～59	40～49	30～39	30以下
人　数	4	4	9	20	17	8	4
所占百分比	6.1%	6.1%	13.6%	30.3%	25.8%	12.1%	6.1%

表2-2 对照班(参加测验65人)的口算测验成绩表

答对的题数(道)	80～84	70～79	60～69	50～59	40～49	30～39	30以下
人　数	0	0	2	4	11	17	31
所占百分比	0%	0%	3.1%	6.2%	16.9%	26.2%	47.7%

从此测验结果中可以明显看出:实验班的计算对题率很高。这说明实验班的学习成绩有较大提高,学生提高了学习数学的兴趣,非常自信。

我还有意识地培养了学生的语言表达能力,具体做法如下。

①同桌互相说。

我在课堂上有意识地对学生进行数学表达的训练,让同桌互相跟对方说一说,给每位学生提供表达的机会。

②小组内互相说。

小组内一个学生说,其余的学生必须认真倾听,以便对其所说内容进行补充或修改。

③小组汇报。

在进行小组汇报时,我要求只有小组内的每一个成员都发言,才能给本小组加星，否则不加星。这样就给小组内的每位成员提供了表达交流的机会。例如，我出过类似下面这样的测试题。

①说一说"2"在个位上表示什么。在十位上呢？

②说一说"8＋5＝？ 13－6＝？"你是怎样想的？

③找规律填数，说说你找到的规律。

$$24（\quad）8（\quad）12$$

④你能讲一个数学小故事吗？（找课本上的数学故事插图）

我设定的评价标准：此测验全部做对且语言表达有条理的为"A"级；全对，语言表达欠缺条理的为"B"级；有错误的为"C"级。对于达标的都有加星的机会。

我把实验的成果写了下来，参加了市里的金点子案例评选活动，题目为"小学数学教学中培养学生计算与数学表达能力的教学与评价策略"，并获得二等奖。金点子案例获奖给了我很大的鼓舞，使我更加坚定了对这个实验课题的探索。

我对评价的试题进行了探索，设计了一些动手操作性强的试题，以考查学生的动手操作能力。例如，一年级在认识了平面图形"长方形、正方形、三角形、圆"，初步学习了"统计"与"米和厘米"后，我设计了下面这样一份试题，用第①题考查学生的空间想象力，用第②题来考查学生的动手操作能力。

①我们学校的东、西、南、北各是什么路或什么街？

学校的东面是（　　），西面是（　　），北面是（　　），南面是（　　）。

②动手测量，注意合作。

我的大拇指宽是（　　），我的手掌长是（　　），宽是（　　）。

课桌的长是（　　），宽是（　　），高是（　　）。

黑板的长是（　　）米（　　）厘米。

教室的门宽是（　　），高是（　　）。

我的身高是（　　）。

这次教研活动使我明确了教师制定的评价标准就是一把评价的尺子，教师应从多方面去评价一个学生，解决过去测试形式单一的问题。既然有了一把评价的尺子，教师就应该在培养学生的多元能力上采取有效可行的策略。今天孙主任给我们提供的评价活动案例使我明白了在课堂上应有意识地利用教材，创造性地设计教学活动，以活动为载体发展学生的多元能力。教师应把各项能力评价的结果记录下来，让学生及家长有一个更全面的了解，以做到有的放矢地进行改进。另外，教师应整合评价结果，对学生的各项能力同时进行横向对比、纵向对比，最后还要进行综合分析。虽然这样做会增加我们的工作量，但是我们也要试一试，以便探索出操作性强的评价措施。

在这次教研活动中，孙主任高瞻远瞩，给我们的实验探索指明了方向，宛如一盏航标灯，使我不再迷惑、不再犹豫，坚定地朝着航标前进。相信在不久的将来，我一定会到达充满光明的彼岸。到那时，"小学数学多元能力发展与评价"实验定会开满美丽的鲜花，结出硕果。

教研——课题深化研究的主渠道

结束上次的集体教研两周后，我们又到某小学进行了一次集体教研。主要听了两节课，一节是四年级的"乘法分配律"，另一节是二年级的"两位数加减两位数"。每一节课结束后，市教育科学研究院（以下简称"教科院"）的孙主任与侯科长都进行了评课。从评课中我又明确了以下几点。

一、在课堂教学过程中要注重学生良好习惯的养成

在听课过程中，我发现一部分年轻教师并没有在学科教学中养成渗透教育习惯：在课堂上，学生不会倾听别人发言，课堂秩序一片混乱。一部分年轻教师认为热闹的课堂才是自主、互助的课堂，但这只追求了表面的热热闹闹，并没有使学生投入问题研究之中。久而久之，学生能养成好的学习习惯吗？又谈何高效课堂？所以在课堂中加强对学生学习习惯的培养刻不容缓。

二、课堂教学要有层次性

我参加工作已有二十年，至今对当年高校长给我评课时的情境还记忆犹新。她让我明白了每一节课的新授内容及巩固练习都要有层次性，应让学生层层深入，逐步提高能力。虽然时隔多年，由于工作变动，高校长已调离我们学校，但是我会永远记得是她帮助我将教学水平提高了一个层次，是我一生中一位珍贵的良师。在今天这次教研活动中，侯科长再次讲到了课堂教学的层次性，但愿能为在课改中迷失方向的部分教师指明航行的方向，使其继续前进。

三、让学生概括有规律性的知识

教材中有很多规律、法则等需要学生自己去探究、发现、概括、提炼。孙主任说："在学生进行概括总结时，不用要求他一字不差地进行描述，只要他理解就可以，可以让其在理解的基础上结合一些例子进行描述。"孙主任这句

话道出了课改的真正含义，不然还有一部分教师还在让学生一字不差地不停地背，导致学生兴趣索然，从此对数学产生厌恶情绪。

四、注重培养学生的数学化能力

虽然我们的实验中有培养学生数学化的能力这一项要求，但是很多教师并不知道什么是数学化的能力，更遑论设计数学活动培养这项能力。我也是从一些资料中才查到数学化的概念的。新的课程标准指出，"数学活动是学生经历数学化过程的活动"。简单地说，数学活动不是一般的活动，而是让学生经历数学化过程的活动。数学化是指学生从数学现实出发，经过自己的思考得出有关数学结论的过程。今天，孙主任给我们阐释了"数学化"的概念，即学生通过信息窗发现信息、提出问题之后，怎样解决提出的问题。因为提出的问题大都是生活中的问题，要经历将其转化成数学问题并解决问题的过程，这个过程就是数学化的过程。例如，在"乘法分配律"的教学课堂上，学生提出的问题是"济青高速公路全长大约多少千米"。这是一个生活中的问题，需要学生通过分析转化成数学问题。也就是把两辆车走过的路程加起来，可以用列算式的方法来解答；也可以让学生通过画线段图呈现出条件和问题的关系，从而解决问题。这一过程正是培养学生数学化能力的过程。学生在画线段图的过程中也培养了动手操作能力及空间想象力。所以，我们参加教研的教师在明确了这点之后，就应将之落实到教学实践中去。

五、板书主要信息

大家都知道，青岛版的教材都是以信息窗为主线将教学内容渗透其中的。我在上课时都会先把学生发现的信息板书出来，然后让学生根据信息提出相关的问题。因为我从没有参加过青岛版教材的培训，也不知该如何处理这个环节；再加上我当时教的是刚刚入学的一年级学生，他们不会听讲、不会发言，不懂得什么是课堂秩序……我只得让他们发现信息后不再看课本，只看黑板，以免分散注意力。这样学生的注意力会相对集中，而且时间久了会养成习惯，学会倾听。今天，孙主任提到了这一点，与我平时所做不谋而合，我甚是高兴。

六、处理好个体学习与合作学习的关系

难道要进行合作学习就不要个体学习了吗？其实不然，合作学习必须要建立在个体独立思考的基础之上。教师应当鼓励学生在独立思考的基础上与他人进行交流，可以交流各自对问题的理解、解决问题的思路与方法、获得的结果

等。这样学生便能在解决问题的过程中锻炼思考与交流的能力，不至于人云亦云。

今天的这次教研活动使我受益匪浅，我在教学中遇到的一些问题在教研中得到了解决。这样的教研活动有利于我们发现问题、解决问题，从而明确方向、继续前行。

教研——提升的平台

我们到某小学参加了一次教研活动。首先，由两位教师讲了两节课，一节是"面积和面积单位"，另一节是"分数与小数的互化"；其次，由课题负责人对近期的工作做了简要汇报；最后，由市教科院的孙主任进行评课并对下阶段的工作提出要求。

通过这次教研活动，我对课题又有了进一步的认识，并为其中的一些做法找到了有力的理论和实践支撑。我对本次教研的收获总结如下。

通过这次教研活动，我知道了小学数学多元能力发展的主渠道有两条：一条是通过在课堂上有意识地、创新性地设计一些数学活动，以活动为载体，在活动中发展学生的多元能力；另一条是通过布置有别于传统作业的多元化作业，主要有实践性作业、数学集锦、手抄报等，让学生在做作业的过程中发展多元能力。正如孙主任所言："要把数学内容开发成数学活动，让学生在活动中发展能力。"例如，在其中一节课上，讲课教师提出的问题是"书房和餐厅哪个大"。解决这个问题的过程正是培养学生数学化能力、动手操作能力、空间想象力的过程，所以教师要对学生如何解决这个问题创新性地设计数学活动，让学生分几步进行思考：①把生活问题转化成数学问题；②思考解决问题的策略；③动手操作解决问题；④用语言表述出怎样解决问题。记得在上次的教研活动中，孙主任曾对课堂上如何培养学生的数学化能力，结合讲课内容给出了明确的方法，实验教师为什么不去落实呢？可能另有其因吧。

怎样评价学生的多元能力发展情况？即如何构建小学生数学多元能力评价的载体？除了传统的纸笔测试之外，教师还要设计一些数学活动，通过活动对学生的多元能力进行评价。例如，在学生已经掌握了1平方厘米、1平方分米、1平方米三个面积单位后，教师可以设计一个数学活动以考查每个学生的动手操作能力与空间想象力。教师可以给学生准备许多相同的长方形或其他形状的纸片，让学生先估计它的面积的大小，再用学具测量一下，把估计与测量的结果都记录下来。如果估计的结果与测量的结果接近，说明学生的空间想象力得到了发展；如果差别较大，那么学生需要继续努力。学生测量的过程实际上就是考查其动手操作能力的过程。学生测量得较准确，说明其动手操作能力强；反之，学生应找出原因，予以改正。关于这一点，我以前也结合教学内容做了一些尝试，现在看来是可取的，应该继续做下去。

在评价出学生各项能力的发展情况后，教师应该设计一些操作性强的评价表格并记录下来，以便让教师、学生本人及家长做到心中有数，并有的放矢地进行改进。关于这一点，我也正在原来的基础上改进着，争取早日让学生用上我设计的评价手册。

这次教研活动使我了解到各实验学校都在创新性地进行实验，只不过程度有所不同。所以教师不能再迟疑，应大胆地探索，争取早日出成果。

第二节 学习提升

众里寻他千百度

——参加山东省小学数学"解决问题"专题研讨会有感

我有幸参加了山东省小学数学"解决问题"专题研讨会。虽然正值严冬季节，但会场上座无虚席，连走廊里都坐满了听课的教师。每个教师都投出赞许、欣赏的目光，个个时而思考，时而记录，有时竟能达到忘我的境界。讲课的教师团队有以北京市优秀教师吴正宪为代表的北派团队，也有以著名小学数学特级教师潘小明为代表的南派团队。通过听课与听报告，我终于找到了困惑已久的问题的答案，正应了那句"众里寻他千百度，蓦然回首，那人却在，灯火阑珊处"。现把听课后的感悟与大家进行交流。

一、"数形"结合分析数量关系，细腻而又深刻

我听的每一节课的知识点都不多，但讲课教师讲得非常细腻，将教材挖掘得非常深，令人意想不到。例如，北京的赵老师是这样讲连乘应用题的。

先使用多媒体出示国庆 50 周年大检阅阅兵的图片，激发学生的兴趣，并介绍什么是方阵；然后说："前几天我校组织健美操比赛，每个班挑一部分队员组成方阵。"同时，屏幕显示出以下图片。

```
×××××× | ×××××× | ××××××
×××××× | ×××××× | ××××××
×××××× | ×××××× | ××××××
×××××× | ×××××× | ××××××
```

师：你能发现什么数学信息？

生1：每行6人，每列4人，有3个班。

（生1回答后，教师立即板书。）

师：能提出什么问题？

生1：一共有多少人？

师：你们能解决这些问题吗？能用不同的方法解决吗？二人一组借助学具摆一摆，看看能不能想出不同的解决问题的方法。

（学生摆完后汇报，两人一组进行讨论；讨论完后，教师选出1名学生汇报他们讨论的结果。）

生2：6×4×3＝72（人）

师：6×4求的是什么？乘3呢？

生2：先求一个方阵的人数，再求3个方阵的总人数。

多媒体演示：

```
×× | ×××× | ××××
×× | ×××× | ××××
×× | ×××× | ××××
×× | ×××× | ××××
```

师：还有别的方法吗？

生3：6×3×4＝72（人），把3个方阵合成一个大方阵。

多媒体演示：

```
××××××  ××××××  ××××××
××××××  ××××××  ××××××
××××××  ××××××  ××××××
××××××  ××××××  ××××××
```

师：还有别的方法吗？

生4：将每个方阵竖着摆起来，4×3×6＝72（人）。

多媒体演示：

```
× × × ×
× × × ×
× × × ×
× × × ×
× × × ×
× × × ×
× × × ×
× × × ×
―――――――――
× × × ×
× × × ×
× × × ×
× × × ×
× × × ×
× × × ×
× × × ×
× × × ×
―――――――――
× × × ×
× × × ×
× × × ×
× × × ×
× × × ×
× × × ×
× × × ×
× × × ×
```

师：求3个方阵一共有多少人，为什么用3种不同的方法？

生5：可以从不同的角度来思考问题。

师：你观察的角度不一样，选择的信息就不一样，解决问题的方法也就不一样。有什么相同的地方吗？

生6：得数一样。

生7：只不过把数的位置换了换。

师：交换了数的位置说明了什么？

生8：观察的角度不一样。

二、转变教学理念，注重培养学生的探索意识和精神

课改前，很多数学教师重视应用题中数量关系的分析、解答求解、检验；而课改后，很多数学教师重视将生活问题转化成数学问题，却忽略了数量关系的分析。通过这次研讨会，困惑我已久的问题得以明确解决。在讲解应用题时，教师对这两点都要重视，不能顾此失彼，不能像以前那样只程序化地讲解，而应先让学生探索，待水到渠成之后，再让其总结、归纳出数量关系。例如，济南的秦老师讲的解决问题的方法——通过组合条件来解决问题。他所讲的这节课是这样设计的。

教师出示情景图后，屏幕上显示出文字：每个方阵每行5人，共8行，有3个方阵，一共有多少人？

师：先找条件和问题，老师在条件上标上记号。

师：弄清条件和问题是第一步，下一步干什么？

生1：计算。

生2：想一想。

师：请同学们认真思考，你觉得将哪两个条件组合到一起能解决最后的问题？

生3：5乘8等于40人。

师：你是怎么想的？

生3：先计算出一个方阵有多少人，一共有3个方阵。

师：解决了什么？

生：一共有多少人？40乘3等于120人。

师：就这一种组合方式吗？还有其他的组合方式吗？

生4：先求一共有多少行，再求一共有多少人。3乘8乘5等于24乘5等于120人。

师：这三个条件还有别的组合方式吗？

生5：先求一大行有多少人，即3乘5等于15人；再求一共有多少人，即15乘8等于120人。

师：你们尝试了3次都成功地解决了问题。

然后，教师让学生自己解决下面这道题：小华每天跑两圈，每圈400米，一个星期（7天）小华一共跑了多少米？

要求：小组合作完成，将解题步骤写在小黑板上。

三、做好从"图画应用题"向"文字应用题"的过渡，培养学生的概括能力

在一、二年级数学教材的解决问题版块中，呈现方式大多以图画应用题为主，教师在教学过程中要让学生会读题、读懂题、会解题。首先，让学生从图中找出已知的信息和要解答的问题；其次，让学生学会分析，也就是从四则运算的意义上让学生分析该怎样列式计算；最后根据分析解答。

四、把"理念"转化成"课堂教学"

关于这点，上海潘小明老师的课为我们做了诠释。潘老师讲的课题是"谁围的面积大"，他是这样设计的。

教师先出示两根铁丝，然后向全班提问。

师：这两根铁丝，一根长20厘米，另一根长24厘米，用这样的铁丝分别围成一个长方形，哪根铁丝围成的长方形面积大？

【评析：潘老师提出问题，激起学生探究的欲望。】

生：长的那根。

板书内容：周长长的长方形面积大。

师：你有没有验证过？数学是讲道理的，该怎么办？

生1：验证。

生2：实验一下。

【评析：教师先让学生得出结论，后去验证结论。】

师：举例子实验一下，在纸上画一下你围的长方形（画在电子纸上）。

学生实验完后展示并说明道理，教师用多媒体演示。

生3：我围的是长7厘米、宽5厘米的长方形和长6厘米、宽4厘米的长方形。通过计算它们的面积发现结论是对的。

生4：我围的是长11厘米、宽1厘米的长方形和长6厘米、宽4厘米的长方形。通过计算它们的面积发现结论不对。

师：出现两种答案，有没有其他答案？

生5：有时对，有时错。

师：那这三种答案到底应该选择哪一种？原来的这句话错在哪里？

生5：周长长的长方形面积不一定大。

【评析：让学生通过动手操作、验证后发现结论，使学生懂得数学是严谨的、周密的，不能靠盲目猜测就得出结论，只有经过验证后才能得出结论。这是学习数学的一个策略。此时，学生已经可以归纳出"周长长的长方形面积不一定大"这个结论。但是下面潘老师继续提问，让学生思考新的问题。】

师：不能上来就判断，数学是讲道理的，周长相等的长方形面积相等吗？

生6：周长24厘米的长方形可以围成长11厘米、宽1厘米的长方形；还可以围成长7厘米、宽5厘米的长方形，面积不同。

师：周长相等的两个长方形的面积为什么不一样？

生7：这跟长和宽有关系。

师：都有怎样的关系？可以多做一些尝试。

生8：长8厘米、宽4厘米。

生9：长10厘米、宽2厘米。

生10：长9厘米、宽3厘米。

生11：长6厘米、宽6厘米。

生12：不对，它是正方形。

生 13：正方形是特殊的长方形。

……

学生说完后，教师立即用多媒体演示出来。

师：材料多了，可进行比较，整理一下（见表 2-3）。

表 2-3　周长相等的长方形的不同组合

周长（厘米）	长（厘米）	宽（厘米）	面积（平方厘米）
24	11	1	11
	10	2	20
	9	3	27
	8	4	32
	7	5	35
	6	6	36

师：观察一下，面积的大小与长和宽到底有什么关系？

生 13：长越小，宽越大，面积就越大。

生 14：长和宽越接近，面积就越大。

【评析：此处展现了学生的思维方式。教师对其加以引导，体现了教师是组织者、引导者的角色。】

师：什么意思？

【学生举例子解释，教师引导总结后板书。

板书内容：周长相等的长方形，当长与宽越接近时，面积就越大；当长与宽相等时，面积最大。】

师：由此你想到了什么？

生 8：长与宽相差得越大，面积越小。

师：能大到什么程度？

生 15：我认为永远大不完，例如，长 11.5 厘米、宽 0.5 厘米，面积是 5.75 平方厘米。

师：周长相等的长方形，当长与宽越接近时，面积越大；长与宽相等时，面积最大；长与宽相差越大，面积越小。

课堂小结：举例时，找到一个反例就能推翻之前的结论，要发现规律就要多举例子。

我的一些反思如下。

①在课堂上应向学生渗透数学思想方法。

例如，先让学生得到"周长长的长方形面积大"这个结论，然后让学生想办法验证。可以通过举例子等方式来验证，最后归纳出结论，一步步让学生体验数学的严谨性与抽象逻辑性。

②课堂中的问题不能太多。

课堂中的问题要符合学生的兴趣和认知特点，问题空间要大，让不同层次的学生得到不同的发展。

③应选择有数学思考价值的问题。

例如，当学生得出结论"周长长的长方形面积大"时，教师问："真的吗？"这样，教师就会引导学生进一步思考。依据学生的认知规律让学生不断地产生问题，推进教学进程；依据学生的认知规律，以学生能理解的方式让学生发现问题、解决问题。这正是教师所追求的。

冬去春来，年复一年，唯一不变的是我的追求。我期待自己能够超越自己，取得更好的成绩。

成果汇报促我提升

——参加市重大教育教学问题行动研究调度会议有感

今天，我参加了市教科院组织的重大教育教学问题行动研究调度会议，参加汇报的有潍城、奎文、坊子、寒亭四区学校的老师。由市教科院的专家对每个汇报项目进行点评。上午汇报了5个项目，下午汇报了6个项目。虽然时间紧张，我坐在会议室里有点疲惫，但这次会议使我受益匪浅。

以前我也曾参加过区里的调度会议，但是对于具体怎样整理材料，应该按照什么思路、什么步骤去做却全然不知。现在想来，真是有些盲目。今天的这次行动研究调度会议给我以后的工作指明了方向，现把几点体会总结如下。

一、明确了"重大教育教学问题"的研究思路

（一）问题提出的背景

首先，我知道了要研究的问题是怎么提出来的，不能是臆造出来的。这些问题应该是在调研的基础上被提出来的。如教师可以通过问卷调查、访谈等形式了解情况，在这个基础上提出问题。而且这些问题必须具有严谨性和普遍性。

（二）采取的策略

针对提出的问题，我们需要采取一些策略去解决。但是这些策略必须以活动为载体，即行动研究。我们在做行动研究时，要先做到点上突破，然后做到面上推广。

一方面，处理好点与面的关系。可以用面的变化来阐述整个变化，如学校、教师及学生的变化，这就是整个面上的变化。

另一方面，用定量与定性来描述成果。所谓定量，就是指对于研究的对象怎么变了，变到什么程度了，可以用数字或案例来描述，还可以用一些标志性成果来说明。所谓定性，即行为上的变化、精神面貌的变化等，可以结合案例来说明。

二、学到了一些发言的技巧

所谓发言的技巧，即进行成果汇报、展示的技巧。在有限的时间里把所做的很多工作呈现出来，是对整理工作者提出的一个极高的要求。所以，我们在汇报材料时，应让人觉得既有骨架，又要有血有肉。也就是既要给听众一个整体的框架，又要在重要的地方用生动、形象的内容打动听众，详略得当。

三、了解了一些汇报课件的制作技巧

①字体与背景的对比要鲜明，这样听众才能看明白。

②图片的展示要得当。例如，当图片上有3个以上的人出现时，最好使一张照片只占一张幻灯片；当照片上人数少于3个时，可以同时在一张幻灯片上展示多张照片。这样才能让听众看明白。

③字的大小及字体。最小字号应是24号，或黑体，或加粗。若再小，听众就无法看清楚了。

通过今天的项目汇报，我从中学到了不少做研究的技巧，相信自己的科研水平也会得到一定的提升。这次项目汇报活动也启迪了我，使我对以后的工作也有了明确的打算，不再闭门造车。今天听了一天的发言，胜过我在校十年的研究。

以平静的心态、扎实的作风对待研究

——参加山东省小学数学第十三届年会有感

前几日，山东省小学数学第十三届年会在泰安举行，历时两天。会议的主要事项是来自北京、上海、江苏、济南的教师各讲一节课，并由三位专家做三个专题报告。我有幸参加了这次年会，虽然时间紧张，身体有些疲惫，但是这次会议使我受益匪浅，相信我的科研水平也会因此而有所提高。现将参加该次会议的体会总结如下。

一、关注细节

俗话说："细节决定成败。"这次讲课的教师普遍关注课堂上的细节，处理到位。例如，讲"认识负数"这节课的教师关注的细节有以下几处。

①当学生对于同学的发言没有反应时，这位教师是这样处理的："你们对同学的回答，如果表示同意，可以用点头或鼓掌的动作，好吗？"

②当学生独立解答出问题时，这位教师及时鼓励学生："不光我在讲台上是老师，下面坐着的你们当中还有许多小老师呢！"

③当学生举正数的例子时，有+50、+40、+20……但是有一个同学说了100，教师问："对吗？"学生说："对。"教师鼓励说："你的说法与众不同。"

④教师为了让学生在举例子的过程中体验负数的个数是无限的，采取了如下做法。

学生说负数，教师在黑板上写。学生说的负数有-20、-40、-80……

师：我还要写多长时间才能写完？

生：写不完。

师：为什么？

生：因为负数有无数个。

⑤这位教师让学生及时把新知识融入旧知识之中，形成知识体系。例如，当学生知道一个数省略了正号也是正数时，教师及时提问："省略了正号之后的数你熟悉吗？"让学生及时将现学知识与之前所学知识紧密联系起来，建立知识体系。

二、渗透数学思想

有人说："比知识重要的是方法，比方法重要的是思想。"而数学教学应借助数学知识这个载体挖掘其中的数学思想，向学生渗透教学思想。

例如，在"植树问题"这一课上，教师是这样做的。

第一步：首先，教师先用剪刀剪一次剪断一根绳子，让学生用词语概括刚才发生的事，学生立即想到了"一刀两断"一词，通过这个小游戏激发了学生的学习兴趣；其次，教师让学生独立发现剪的"段数"和"次数"之间的关系，概括求"段数"或"次数"的方法；最后，教师让学生解答剪10段需要剪多少次；剪999次能剪成几段。这时，学生先画图，再找规律，最后运用规律进行类推，即"画—找—推"。剪的"段数"和"次数"之间的关系见表2-4。

表2-4 剪的"段数"和"次数"之间的关系

次数	段数
1	2
2	3
3	4
?	9
⋮	⋮
999	?

第二步：让学生运用通过剪绳子总结出的学习方法，尝试解决"植树问题"，让学生经历、体验、感悟与尝试。在此过程中，教师教会学生结合比较直观的手指记忆，即"五指四空"来记忆两端都栽的情况。对于其他两种情况，也用手指记忆。

此方法揭示了"以小见大"的数学思想，即利用从一些小数据中总结出的规律类推出大的数据。

此节课给我们展示了渗透数学思想的全过程，真可谓"教无痕迹"。

三、课堂观测技术——听评课的技术

利用课堂上的观测技术，可以观测与计算出学生的课堂参与度。以前，我只会用调查问卷法检测学生一段时间内的课堂参与度，而今天我学到了一种更简捷、易操作的方法。其可以检测出每节课学生的参与度，即每隔几分钟记录没有参与互动学生的人数，最后计算出得数。

在以后的课堂观测中，我想借鉴曹教授的方法，对学生的课堂参与度进行观测，相信会有不少收获。

四、扎扎实实做研究

所谓的小现象，即教育教学中遇到的小问题、具体问题，也就是我们经常遇到却不思考、不反思的小问题。例如，如何解决课堂上学生写字占时间的问题？对策有同步写，即小组交流时可以让部分小组到黑板上写，让其他小组写在本子上，还可以……又如，他为什么不爱交作业？他为什么总把教师的话当作耳旁风？

诸如此类，很多都是我们在教育教学的过程中遇到的小问题。如果我们想办法去解决，不就是在做研究吗？做研究并不是打着大旗兴师动众、喊着口号。做研究是实实在在的行动，需要的是方法。做研究需要从改变自己的思维方式开始，自己不知不觉进入研究中，从而渐入佳境。

在以后的日子里，我会以平静的心态，实实在在、扎扎实实地做研究。

统一思想，提高认识，坚定不移地深化素质教育

——参加 2009 年山东省素质教育论坛有感

为期两天的山东省素质教育论坛在临沂召开，我有幸参加了这次盛会。我在会议中听取了中国教育学会副会长张民生做的"基础教育站在新的历史起点上——思考与行动"的学术报告和省教育厅副厅长张志勇做的"统一思想，坚定信心，把素质教育推向新阶段"的主题报告。省教育厅厅长齐涛做了简短而热情洋溢的讲话，我从中明确了教育是一种责任，教育是一种信仰。此次论坛的交流研讨使我受益匪浅。总之，这次会议使我在思想上有了质的提升，进一步明确了诸多问题，现有几点体会小结如下。

一、明确了素质教育的内涵

张副会长在报告中提出，当前，我国基础教育站在了一个新的历史起点上，面临难得的机遇，当前的工作重点是推动基础教育尽快转移到注重内涵、提高质量上来。这给我们指出了基础教育改革的方向，我们应坚定不移地朝着这个方向继续走下去。

作为一名小学教师的我，此时此刻，觉得自己身上的担子更重了，深觉自己储备的知识与应具备的教育能力应跟上素质教育的步伐，因此还需继续努力。

二、明确了实施素质教育的必由之路

我们应大力弘扬教育的科学精神，遵循规律，既科学教书又育人。任何违背规律的做法都是不可取的。作为一名小学教师的我，今后应致力于课堂教学改革，致力于全面提高学生的综合素质；不能只成为一名教书匠，还应扎扎实实地做研究，提升自己的教育水平，增长教育智慧，真正做到：把时间还给学生，把健康还给学生，把能力还给学生，争取做一个健康、快乐、幸福的教师。

三、明确了下一步路该怎么走

张副厅长的报告中明确指出，省委、省政府召开的教师节庆祝大会上明确指出："坚持素质教育，推进教育内涵发展""要将素质教育贯穿于各级各类教育的始终""基础教育要以素质教育为重点，关注每一个学生的成长进步，促进学生德智体全面发展。"

作为一线教师，我会努力朝着这个方向走下去，抓住课堂教学这个载体，继续深化研究，继续完善对学生的评价机制，切实深化素质教育。

总之，在今后的工作中，我会一如既往地以心为课堂，以爱为课本，在平凡的工作岗位上兢兢业业、不断探索、不断反思，同学生一道学习、一起进步，用自己的心血和智慧点燃孩子们心中的希望和梦想，切实深化素质教育。

用心做好教师

——听韩局长报告有感

我有幸和月河路小学、芙蓉小学全体教师一同听了韩局长的报告。总结下来，我有以下几点感受。

一、教师责任重大

韩局长在报告中讲到，有一位幼儿园教师在处理小朋友踢凳子的问题时，充分体现了"育人"的教育理念。这位教师处理问题的方法让我反思：在日常的教育活动中，我是否也像这位教师一样处理得如此巧妙？因为学生，尤其是小学生并不懂得太多抽象的大道理，随着时间的推移，教师处理问题的方式会潜移默化地影响到学生以后处理问题的方式。由此我想到了教育的"爱与怕"。

爱学生是我们教师的天职，但是如果我们的教育行为不当，会影响到学生的一生，真的很可怕。所以我们在教育学生时，一定要做到"三思而后行"。

我从教二十余年，虽然一直努力做一个教师所应该做的，但是听报告时我反思自己的教育教学行为，总有一些不尽如人意之处。

在以后的教育教学活动中，我会时刻注意自己的行为会给学生带来什么样的后果，然后对学生进行有的放矢的教育。

二、学习是建构知识体系的过程

作为一名教师，在课堂上教给学生的不仅是知识，更重要的是获取知识的方法。

教师应让每一个学生懂得建构知识体系、体验建构知识体系的过程，从而使其快乐学习，健康成长。

俗话说："授人以鱼，不如授人以渔。"作为一名教师，我深深懂得应该教会学生什么，让学生自己学会什么。在教学过程中，我也努力践行此理念。在课堂上，凡是需要学生自己体验建构知识体系的过程，我绝不包办代替。例如，在讲"商中间有零的除法"这部分内容时，我先让学生自己尝试学习；当学生遇到问题时，先让学生自己探究，再小组交流，最后全班交流。让学生不仅知其然，还知其所以然。这一过程正是学生建构知识体系的过程。

三、课堂教学应具有生成性、灵动性

中国教育家叶澜说过："课堂应是向未知方向挺进的旅程，随时都有可能发现意外的通道和美丽的图景，而不是一切都必须遵循固定路线而没有激情的行程。"这不正是新课改要求的课堂教学的方向吗？课堂教学不应当是一个封闭系统，也不应拘泥于预先设定的固定不变的程式。在课堂中，教师应该注重为学生搭建展示的舞台，让课堂更多地呈现一种开放性与生成性。在课堂教学过程中，教师要有课堂应变能力，应随时捕捉学生的疑问、想法等，充分利用生成性资源调整预设的教学目标、教学方案、教学活动，使课堂产生新的思维碰撞，促进学生全方面发展。

课堂应该是一个生成性的课堂，充满鲜明的灵动性。教师应该正视学生的差异性，让不同的学生得到不同的发展。

作为一名教师，言行要慎重。也许我们不经意的言行举止，会使学生的心灵受到伤害；也许我们的欣赏和鼓励，会让更多的学生学会欣赏别人，做到取人之长、补己之短，而不是"鸡蛋里挑骨头"。教师处理问题的方式有一定的引领作用，会使学生进行效仿；久而久之，会潜移默化地影响到学生处理问题的方式，甚至是一生。所以，教师在处理学生的问题时一定要三思而后行，不能冲动、意气用事。

总之，韩局长的报告高屋建瓴，让我深受启迪。在以后的教育教学过程中，我会更加用心地去做一名教师应该做的事。最后，我用韩局长报告中的结束语共勉："每一个学生都是一朵玫瑰，虽然花开有早有晚，花期有长有短，但是每一个学生都一样的美丽！"

历经风雨方能见彩虹

——讲观摩课有感

今天，市教科院的孙主任、区教科研中心的刘主任及武主任陪同临沂市广播电视台副台长秦台长到我校听了一节语文课和一节数学课。我有幸讲了一节数学课，课题是"分数的初步认识"。

这节课的预设思路是，不用教材的主题图——人在胎儿、婴儿及成人时期头长占整个身长比例的变化图；而是从学生感兴趣的游戏入手，如下所示。

有 4 个苹果，平均分给 2 个同学，每人分几个？（用击掌来表示）

有 2 个苹果，平均分给 2 个同学，每人分几个？（用击掌来表示）

有 1 个苹果，平均分给 2 个同学，每人分几个？（用击掌来表示）

以此引导学生根据自己的生活经验来表示"一半"，并让学生想办法用新的符号表示，发挥学生的想象力，让其大胆创造、经历符号化的过程。然后，说明正确的表示方法"1/2"，并教授 1/2 的写法和读法，让学生感受数学符号的简捷性；在明确 1/2 表示的意思后，让学生利用长方形、正方形、圆形等不同形状的纸片表示出它们的 1/2，再组织交流。最后，让学生自己创造出其他分数，并对创造出的分数做出合理的解释。

在课堂上，学生自己提出了许多有价值的问题。例如，同样是 1/2，为什么在长方形、正方形、圆形等不同形状的纸片上涂的位置不一样？涂的大小也不一样呢？ 2/8 表示什么意思？在课堂上，学生中有提问题的，有给同学解答或补充的。该课堂完全是一个开放、和谐、民主的课堂，时刻体现以学生为主体、以教师为引导的教学理念，教会了学生主动建构知识体系，发展了学生的多元能力。

课后，秦台长握着我的手说："祝贺你，刘老师，你讲的这节课非常成功。课堂上学生质疑、提问的能力非常突出，而且老师有意识地维护课堂上出错的学生，整节课都是学生在体验和经历知识的发生、发展过程。非常好！"

刘主任握着我的手说："刘老师，我这是第一次听数学课，而且是第一次听你的课，讲得非常好！你的学生的发言非常完整、有条理，学生之间互相质疑、解惑与补充，可以看出你平时对学生训练有素。非常好，祝贺你！"

听了他们的评价，我还能说什么呢？自己的付出终于见效了，真可谓"几分耕耘，几分收获"啊！回想我一开始为了让学生在课堂上会倾听、会提问题而有意识地对其进行培养，真是摸着石头过河。虽然有许多名师的培养方法可以参考，但是照搬是没有用的，操作起来也比较困难。于是我便自己探索了一些方法。现在看来，的确切实可行。

从课堂上学生的变化可以看出，学生的倾听能力、质疑能力、提出问题与解决问题的能力及表达交流能力均有了显著的提高。

我对未来又一次充满了信心，领导的认可是对我的鞭策。我会一如既往地探索，争取探索出一套简单、易操作的培养措施，切实打造出"轻负担、高质量"的课堂。

一如既往，继续奋进

——参加省教学示范学校命名表彰会议的体会

山东省教学示范学校命名表彰会议暨校长论坛在枣庄召开，全省92所教学示范学校受到表彰。各地市教研室主任、第五批山东省教学示范学校的小学校长等900余人参加了会议。

我市有8所学校被命名为第五批教学示范学校。往届省级教学示范学校的20名校长也参加了此次会议。会议分三个阶段：首先，听取专家的报告；其次，听观摩课；最后，部分地市教学示范学校代表发言。其中潍坊市北海双语学校的校长代表潍坊市参加了此次表彰会议并进行了发言，现将其主要发言内容概括如下。

一、开发校本课程

构建独特的课程体系和改进教学方式是提高教学质量的重要途径。根据学生的个性发展，在落实好国家课程标准的同时，北海双语学校对课程进行了重构，建立了以"强化英语、推进双语、发展母语、实验多语"为基础的校本课程体系，开设了"晨读午练""女工书法""才能教育"和"生活教育"等校本课程，培养"文静、优雅、风度翩翩"的北海学子。该校以提高教学质量为中心，开展了以"结伴学习"为核心的"幸福课"研究与实验，建立了"幸福课"的课堂范式；把课堂还给学生，让学生在结伴学习、生生互动、师生互动中体验学习的快乐。

二、发展特色教育

该校注重创设适合学生学习和生活的条件，让学生成为校园的主体和主人，在活动中感受幸福、创造幸福。学校创建了16个"校本节日"，有经贸节、科技节、植物节、面食节、美术节、艺术节、体育节、读书节、朗读节、英语节、白雪节等，打造校园生活主题，串联起律动的校园生活。另外，学校开设的跆拳道、古筝弹唱、flash动画制作等课程，为学生搭建了多元发展的平台。

通过此次会议，我从专家的报告中汲取了营养，从观摩课中学习了许多，从各校代表的发言中收获了很多。

总之，这次会议使我深受鼓舞，我将一如既往、继续奋进。

饕餮盛宴　回味无穷

——参加第22届现代与经典全国小学数学教学观摩研讨会心得体会

曾有多少文人墨客几次三番下江南，领略扬州之美。前几日，第22届现代与经典全国小学数学教学观摩研讨会于扬州顺利举行。我有幸参加了这次盛会。虽是初夏，空气中还透着那么一丝丝凉意，但我还是被会场上那时而充满智慧、时而充满幽默、时而又充满哲理的数学课堂深深吸引。被誉为"数学王子"的张齐华老师语言艺术独特，他的数学课堂妙趣横生，让我们再次领略了其不走寻常路的风采。他丰厚的文化底蕴使每一堂数学课不再只是数学课，而是蕴藏着丰富知识的艺术课堂！蔡宏圣老师把知识和道理同时融进课堂，让我们知道原来数学课堂是存在问题的地方……

一、营造宽松氛围，让学生畅所欲言

本次观摩研讨会的亮点之一是授课教师诙谐幽默、课堂妙趣横生。

张齐华老师的课题是"会说话的百分数"，使数学一下子变活了。他幽默的语言有效地增强了学生思维的敏捷性和灵活性。例如，"一件衣服的含棉量是98%，98%让你想到了什么？""地球上陆地面积约占29%，你的脑海中会浮现什么画面？""你们看，百分数不是在说话吗？"教师的语言素养在极大程度上决定着学生课堂上脑力劳动的效率。课堂追求以学生为本，追求一个"真"字。教师只有了解了学生的真实起点，只有让学生真正去思考，才能真正体现出课堂的真谛。另外，在课堂结束之前，张齐华老师出示了名人名言。

张老师说："同学们，爱迪生说过，天才是1%的灵感加上99%的汗水。

你们对这句话是怎样理解的？"

其中一个学生回答："老师，我得告诉你一个残忍的事实。爱迪生其实还说过，但那1%的灵感是最重要的，甚至比那99%的汗水都重要。"

张老师说："真的吗？我怎么不知道呀？"

那个学生回答："真的，我在网上查到的。"

张老师停顿了一会儿。听到这儿，我真为张老师捏了一把汗。

张老师又说："孩子，我是有备而来的，请看屏幕。"

屏幕上显示的内容如下：

天才是1%的灵感加上99%的汗水。但是，那1%的灵感是最重要的，甚至比那99%的汗水都重要。

——爱迪生

之后，张老师总结道："其实，每个人都拥有那1%的灵感，关键是我们要善于发现它，并通过99%的努力让自己早日成才。"

张齐华老师讲的这堂课有方法的领悟、思想的启迪、精神的熏陶，设计自然流畅、环节处理细腻、构思巧妙、教学到位。

而刘松老师在学生说出正确答案时，让另外2位学生重复说，然后再问学生："这是……"学生说："重要的事情说3遍。"问学生答案时，刘老师说："千真……"学生说："万确。"风趣的对话时时博得与会教师的阵阵掌声。刘松老师幽默风趣的语言充分调动了学生的学习积极性，真正发挥了学生的主体作用。整堂课以学生为主、以教师为辅，精彩极了！

二、教学设计独特，内涵丰富

数学课并非都是让学生一直进行计算。蔡宏圣执教的"认识方程"一课，让学生知道了方程是一种可以少动脑筋的解决问题的方法。从数学角度看，用数学思维想，用数学语言说。整节课下来，蔡老师只是进行课堂点拨，主要让学生在课堂上进行思维的碰撞。课堂不是解决所有问题的地方，教师应让学生带着问题进课堂，带着新问题离开课堂。

周围的世界在改变，我们能以不变应万变吗？答案在每个人的心中。贲友林教师开门见山，直指主题——"平面图形的面积"（复习课）。给学生提供足够的思考时间，让学生课前整理、课上汇报，鼓励学生互相交流、质疑、解惑。他说："学，是从上课铃响开始的吗？教，都应归教师完成的吗？练，练什么？怎么练？"正是这三问激起千层浪，让与会教师带着这些问题细细琢磨。

罗鸣亮教师执教的"小数的意义"一课让人眼前一亮，为之震撼！传统的教学过程一般是教师要求学生把 1 米平分成 10 份、100 份……然后求每一份。而他运用自己的智慧，将每一环节都设计得巧妙绝伦，激发了学生内心强烈的求知欲望，点燃学生思维的火花！学生主动要求探究，主动要求把正方形平分成 10 份、100 份……这才是学生需要经历的真正的学习过程！

强震球老师根据学生的年龄特征，联系学生的生活实际，努力为学生营造"玩中学，动中学，乐中学"的氛围，设计了含有数学问题的实践活动，让学生在有趣的数学活动中感受数学的魅力。

贲友林老师 15 年前循规蹈矩，15 年后打破常规。15 年前，师问生答，一板一眼，按部就班；15 年后，生说师评，了然于胸，巧妙点拨。15 年前，形式花哨，课件夺目；15 年后，返璞归真，直切主题。今天的这节课，看上去就是在围观教师和一群学生聊天。在云淡风轻中，问题解决了，情感释放了，学生的专注力提升了，推理能力提高了，归纳、总结、表达能力也提高了。也许在 15 年前，贲老师还需要精美的课件作为辅助；而今天，对于一切他都了然于心，只需一颗真心、多种准备。

三、报告高屋建瓴，令人豁然开朗

南京大学哲学系教授、博士生导师、人民教育出版社 21 世纪义务教育小学数学新教材顾问郑毓信所谈的核心素养方面的内容，令人受益匪浅，感触很深。

在当今社会上，知识不是一切，能力、思维、价值观、品格在当下和将来有更加重要的作用。如何提高学生的数学素养？郑教授给我们指明了方向：除了让学生掌握基本的数学知识，使其具备基本的数学思维能力外，还要让学生想得更深入、更全面、更清晰，在教学中处理好动手与动脑、快与慢、多与少、热闹与安静，以及学生独立思考与合作学习、积极交流之间的关系。不应为动手而动手、为探究而探究，而应在动手和探究过程中使其思维得到真正发展。他主张：在课堂上，学生要静静地听，轻轻地说；课堂应是一个能让人思考的课堂、安静的课堂、开放的课堂。

构建核心素养培养体系就是一个试图从顶层设计上解决这些难题的过程。要想构建一个完善的核心素养培养体系，就要做到以下几点。一是把对学生德智体美全面发展的总体要求和社会主义核心价值观的有关内容具体化、细化，转化为具体的品格和能力要求，进而贯穿到各学段、融合到各学科，最后体现在学生身上，回到"培养什么人、怎样培养人"的问题上。二是为衡量学生全面发展状况提供评判依据，引导教育教学评价从单纯考查学生的基本知识和基本技能转向考查学生的综合素质。当今是一个开放、多元的时代，没有文化认同就没有国家认同。因此，我们必须要让每一位学生树立社会主义共同理想，具有深厚的中华文化底蕴，拥有一定的国际视野。

郑教授的报告让我们意犹未尽。在课堂上，我们引领学生学会用数学思考的基础就是我们自己学会思考。只有不断地对教学过程进行反思，我们才能真正地学会引领学生学习，才会使学生进行有效的思考。

我在这次会议中随时都能感受到数学的源头、数学的历史、数学的精神，乃至数学的力量。呈现在我们眼前的似乎不再是一两本薄薄的教材，而是一幅源远流长的数学画卷。每一次参加学习我都能找到新的生长点，每一次学习都有与大师一起成长的感觉。

第三节　边实验边反思

我进行"小学数学多元能力培养与评价改革"实验已有一年多，其间有收获的喜悦，亦有过困惑，现把我的体会总结如下。

在课堂上让学生养成良好习惯

俗话说："没有规矩，不成方圆。"一年级学生刚刚入学，不知道在课堂上该如何去做，怎样规范自己的行为。这时就需要教师想点子，让学生在课堂上养成良好的行为习惯，使他们学会倾听、学会合作交流与表达等。课堂是养成听课习惯的主阵地，所以教师在课堂上应合理运用一些评价，让学生在不知不觉中养成好习惯，做到润物细无声。

一、通过自评，学会反思

学生通过自评发挥了主体作用，懂得了好和坏是自己表现出来的，而非教师和学生说出来的；通过自评，学生有了追求成功和进步的渴望，能充分调动学习的积极性。我注重创设有利于学生自评的教学情境，在一节课快要结束时，我对学生这样说："这节课你的表现如何呢？"让学生在课堂观察表上找到各项自己画星评价。自评表见表2-5。

表 2-5　自评表

学生姓名：

内容	星期一	星期二	星期三	星期四	星期五
遇到我会的问题我举手了					
我能主动、有条理地表达					
我能认真听同学发言					
我能与同学合作交流					
我有独特的想法					
我能有序地操作					
我是小神算					

教师设计此表的目的是让学生在课堂上有一个目标，争取按照表上的各项要求逐步做到。而且每周让学生拿回家，让家长也了解该生在课堂上的表现，并指出其努力的方向，同时也让家长在该评价表的反面写上对孩子的评价。有的家长这样写道："孩子，看到你在课堂上的表现，我们很高兴，妈妈知道你进步了。但是课堂上你要针对自己不足的地方继续努力，加油！妈妈期待着你的进步。"

二、小组互评，取长补短

为了让学生在小组内取长补短，也防止有些学生为了让家长高兴而弄虚作假，使评价的真实性受到影响，我每周都安排小组评价，学生要在小组评议后方能填写评价表（见表 2-6）。例如，每组 4 人，每个人各方面的表现只有获得其他 3 人的认可后才能画星。这样，便保证了小组评价的真实性。

表 2-6　小组评价表

学生姓名：

周次	第一周				第二周				第三周				第四周			
星数	1	2	3	4	1	2	3	4	1	2	3	4	1	2	3	4
语言表达能力																
与人合作能力																
质疑能力																
倾听反思能力																
获取信息能力																
解决问题能力																

续表

周次	第一周				第二周				第三周				第四周			
星数	1	2	3	4	1	2	3	4	1	2	3	4	1	2	3	4
动手操作能力																
运算能力																

小组长应分别在"学生姓名"后面写上自己小组的四位同学的名字，每周一评，4周一总结。

改革评价方法，提高学生参与度

一、课堂上对中下游的学生进行即时准确的评价

人人都希望被赏识，对小学生来说更是如此。多年来的教学经验使我深深地明白：课堂上，学生在回答问题时，都特别希望得到教师的反馈，尤其是对他的答案的肯定；如果答错了受到冷落，或者答对了而未及时得到教师的肯定，都容易挫伤学生的自尊心，会直接影响其学习的积极性。因此我对学生在学习过程中的缺点和错误会给予足够的宽容，耐心地进行矫正，坚持以表扬鼓励为主。特别是对中下游的学生更是如此，有一点点值得肯定的地方就给予鼓励。例如，每当学生答对问题时，我就及时评价说"回答得好""真不错"，或者把他的正确答案再重复一遍等；对于有创造性的回答，就评价说"你真了不起！想出了与众不同的办法""你的发现和科学家的发现一样""你真是个数学小博士"等；对一时答不上或答错的学生采取推迟评价策略，安慰学生"没关系……别急，别急""再仔细想一想""相信你一定能答对"等。由于学生的回答得到及时表扬、肯定，他们就会踊跃发言，也就活跃了课堂气氛，从而学生自身也会得到更好的发展。

二、学生互评，学会欣赏、学会合作、学会反思

在课堂上，我还采取了"抛绣球"的方法，将评价的主动权交给学生。当发言的学生回答完问题时，其他学生可以从好的方面先评价发言的学生，或指出其不足之处，然后进行纠正、补充。这样既能让学生认真倾听别人的发言，又提高了其语言表达能力，使其学会欣赏别人、学会反思；避免了生硬、简单的判断有时会伤害学生的自尊心、扑灭学生思维火花情况的出现。

科学分组，有效合作

一、科学分组

科学分组是小组合作学习顺利开展、发挥小组功能的前提。教师在划分小组时应根据学生性别、智力水平、认知基础、学习能力等进行综合评定，然后按照"组内异质，组间同质"的原则进行合理分组。"组内异质"能使小组内的成员取长补短、互相帮助；"组间同质"可实现小组间零差距，使每个小组的实力相当，可以为全班各小组间的公平竞争打下基础。

二、竞选小组长

竞选小组长的方法可以是自我推荐或民主选举。小组长应责任心强、有组织能力、乐于助人、有合作精神等。

三、培养小组长

教师应使小组长学会组织组员合作交流；督促组员参与交流；对于不同的见解，能够达成一致；分配每人的汇报任务等。

四、培养学生的合作技巧

我在课堂上主要培养学生以下几个合作技巧。①学会倾听。例如，当学生汇报时，眼睛应看哪里、手怎样放、脑子怎样思考等。②学会表达。例如，在表达自己的观点时要有理有据，说服不了别人时不能强词夺理，要表明自己的理由，态度要诚恳。③学会欣赏。例如，当别人的回答让自己产生共鸣时，要适当点头、鼓掌，以表示接受、赞赏。④学会自控。例如，在合作交流时不随便打断别人的话，不相互争吵，不过分计较个人得失等。⑤学会反思。自我反思将会使学生不断进步，它也是学习创新的动力之一。

现在，我班的学生在课堂上会倾听、会回答问题、会补充、会订正、会合作交流等，大部分学生已养成了良好的学习习惯。

实施多元评价，促进学生全面发展

最新的数学课程标准指出，学生是数学学习的主人，教师是数学学习的组织者、引导者与合作者。建构主义学派认为，教师要从知识的传递者、灌输者转变为学生主动构建意义的帮助者、促进者，应当在教学中采用全新的教学模式、教学方法和教学设计思想，彻底摒弃以教师为中心、强调知识传授、把学生当作知识灌输对象的传统教学模式。因此，在小学数学课堂教学中，教师要采取以下三种策略，实现学生的全面、持续、和谐发展。

一、以"生活化"为载体，转变课堂教学方式

新课标指出，数学教学要紧密联系学生的生活实际，从学生的生活经验和已有知识出发，创设生动有趣的情境，引导学生开展观察、操作、猜想、推理、交流等活动，使学生通过数学活动掌握基本的数学知识和技能，初步学会从数学的角度去观察事物、思考问题，激发学生对数学的兴趣以及学好数学的愿望。

（一）创设情境——重在合理

通过创设情境，可以营造课堂氛围，架起现实生活与数学学习之间、具体问题与抽象概念之间的桥梁，实现数学的再创造。因此，在教学过程中，教师要根据学生的心理特点创设情境，为学生提供操作实践的机会，使学生通过动手、动脑、动嘴，把抽象的知识转化为可感知的内容，让他们尽情地展示自己，不断地提升自己。例如，在教授常见的数量关系"单价、数量、总价"时，我曾经进行过尝试。课堂伊始，我便创设"小商店"这一基本活动情境，组织学生进行购物。在讨价还价中，在买卖双方的对话中，学生了解并掌握了单价、数量、总价的概念，以及三者之间存在的数量关系。接着，以小组为单位，让学生自主开展买卖活动。在活动中，我对学生进行了明确的分工并提出明确的要求：扮演顾客者必须口头编应用题，并用今天所学的单价、数量、总价之间的数量关系进行解答；而扮演售货员者必须根据顾客购买商品的情况正确填写发票。这样，整个课堂都处于活动之中——自编并解答应用题的过程中、填写发票的思考中。这不仅仅使学生巩固了今天所学的知识，更重要的是创设了一个充满浓厚生活气息的活动舞台，使学生体验到数学源于生活、高于生活、用于生活的价值和魅力。

（二）激发兴趣——重在新奇

发展与教育心理学的相关研究表明，兴趣是一种带有情感色彩的认识倾向。它以认识和探索某种事物的需要为基础，是推动人去认识事物、探求真理的一种重要动机，是学生在学习活动中最活跃的因素。因此，只要学生对学习有了浓厚的兴趣，就能有效地激发大脑组织的功能，就能取得事半功倍的学习效果。例如，教师在教学"认识几分之几"时，可以先给学生讲一段"唐僧师徒过中秋"

的故事。教师可以这样讲：唐僧师徒四人西天取经回来后的第一个中秋节，孙悟空、沙和尚和猪八戒一起来到唐僧家。当看到桌上有诱人的月饼时，孙悟空和猪八戒便馋得直流口水。唐僧见了说："你们要吃月饼可以，我得先考考你们。"他拿出四个月饼，说："将四个月饼平分给你们俩，每人得几个？"孙悟空和猪八戒很快答出，唐僧于是分两个月饼给他俩。最后他拿出一个月饼问："一个月饼平均分给你们俩，每人得几个？"悟空和八戒回答说："半个。"然后，教师可以紧接着问学生："那么，用一个数表示半个该怎么写呢？悟空和八戒不会，同学们能不能帮助他们呢？"这样就利用了学生喜爱的西游记故事，很自然地从整数除法向认识分数过渡，从而激发了学生探求新知的欲望。

（三）加深体验——重在情感

现代数学教学在教学设计上有一个很重要的理念，就是要引导学生从生活经验的客观事实出发，在研究现实问题的过程中学习、理解和发展数学，将数学与学生生活实际密切联系起来。因此，加深学生成功的体验可以使学生获得经久不衰的学习动力。这正如教育家苏霍姆林斯基所说的："成功的欢乐是一种巨大的情绪力量，它可以促进儿童好好学习的愿望。"例如，在"认识物体和图形"的教学过程中，教师可以选取许多学生在生活中熟悉的物体，如小皮球、乒乓球、积木、牙膏盒等各种形状的物体，并把它们放在一个袋子里。先让学生摸一摸，说说自己的感受。有的说是软的，有的说是硬的，还有的说是圆的……然后，让学生把它们倒出来，看一看、拍一拍、放一放、闻一闻、推一推、滚一滚，充分调动学生的全部感官。这样一来，既抓住了学生的好奇心，又能使学生迅速地进入最佳学习状态，进一步激起了学生的学习热情。整个教学过程中既有学生自己的亲身体验，又有与同学的合作体验，最终让每一位学生都获得成功的喜悦。

二、以"实践性"为依托，改进学生的学习方式

专家认为，"学习方式的转变意味着个人与世界关系的转变，意味着存在方式的转变"。新课程标准在"基本理念"中指出，有效的数学学习活动不能单纯地依赖模仿与记忆，动手实践、自主探索与合作交流是学生学习数学的重要方式。因此，教学必须真正"以人为本""以学生的发展为本"，继承传统教学方式的合理部分，提倡自主学习、合作学习、探究学习。

（一）自主学习——重在引导

《基础教育课程改革纲要（试行）》中指出，教师在教学过程中应与学生

积极互动、共同发展，要处理好传授知识与培养技能之间的关系，注重培养学生的独立性和自主性，引导学生质疑、调查、探究，在实践中学习，促进学生在教师指导下主动地、富有个性地学习。因此对于小学生来说，教师的引导很重要。例如，教师在讲授"有余数的除法"时，可以先创设这样的情境：妈妈从箱子里拿出6个橘子，要把它们放入盘子里，每一盘放3个，算一算可以放几盘？学生马上口答出来。接着设计了以下三个层次的问题。①再添加一个橘子，问：可以装几盘？还剩几个？请你摆一摆。②然后又添加一个橘子，问：现在可以装几盘？还剩几个？③如果把橘子的个数变成9个、10个、11个、12个等，还剩几个？会出现什么结果？教师应根据学生的回答依次板书，然后让学生观察板书，看看有什么发现。余数会不会出现3？当除数是3时，余数只有0、1、2这三种可能，这说明了什么？这样，在教师的引导下，学生通过摆一摆、比一比、说一说等自主活动，自己发现了"余数都比除数小"的规律，明白了道理，发展了思维。

（二）合作学习——重在条理

《国务院关于基础教育改革与发展的决定》中就专门指出："鼓励合作学习，促进学生之间相互交流、共同发展，促进师生教学相长。"《基础教育课程改革纲要（试行）》中再一次从课程与教学改革的角度，强调基础教育课程改革的目标之一就是要"培养学生……交流与合作的能力"。国家相关部门之所以对合作学习给予了高度的重视，是因为通过合作学习，可以发挥学生的主体作用、增强其合作意识；可以发展学生的思维能力及语言表达能力；可以增加学习过程中学生与教师、同学、教材之间的多种方式的互动；等等。例如，教师在教授"统计"内容时，可以播放动物园的饲养员给小动物投递饼干的录像。在播放过程中教师可以问："它们吃了哪些形状的饼干？"学生中有的说有圆形的，有的说有三角形的，有的说有正方形的。教师继续提问："它们吃了每种形状的饼干各多少块？"学生你看看我，我看看你，疑惑不解。于是，教师安排小组活动，组织学生讨论"用什么办法就能记住"。有的准备用画图的方法记，有的准备用画钩的方法记，有的准备用画竖线的方法记，有的准备用写数的方法记。这样，通过小组活动学生确定了各自记的办法。接着让学生拿出白纸和水彩笔为记数做好准备，并再次展示饲养员给小动物投递饼干的画面让学生进行统计，然后让学生比较哪种方法好。通过小组有条理的合作学习，学生找到了统计的方法，感悟了统计的思想。

（三）探究学习——重在深入

美籍匈牙利数学家波利亚说："学习任何知识的最佳途径是由自己去发现，因为这种发现、理解最深，也最容易掌握其中的规律、性质和联系。"学生自己去发现知识必须经过个体的主动探索，通过个体的观察、思考、实验、讨论、操作等手段主动发现规律、性质和联系。这种探索过程既是个体主动参与知识的形成过程，又是个体思维发展、产生新认识的过程。因此，通过探究学习，学生可以独立地发现问题、探索解决问题的方法，从而获得知识、技能、情感与态度的发展，特别是探索精神和实践能力的发展。例如，"学校体育组有30个乒乓球，能装几盒"这一题，这是一道具有挑战性、开放性的习题，其中蕴含了丰富的数学知识、数学思想和创新因素。教师可以让学生用学具进行独立装盒，探究各种装法，再分小组汇报操作结果。在探究过程中，学生懂得了既可以平均装，又可以不平均装，平均装和不平均装的区别在于有没有余数，即装盒的方法有多种。在交流的过程中，学生之间的思维不断碰撞。有的学生甚至提出了"每盒个数都不相同，最多可以装几盒"这样更深层次的问题。从中可以看出，学生在独立探究和合作交流的过程中获得了思维的发展，撞出了创新思维的火花。

三、以"多元化"为纽带，完善教学的评价方式

数学教学是思维活动的过程。而评价是联系教师与学生思维、情感的主要环节。新课程标准强调评价的目的是全面了解学生的学习状况，激发学生的学习热情，促进学生的全面发展。同时，新课程标准也指出，应建立评价目标多元、评价方法多样的评价体系。因此，学校在对学生的学习状况进行评价时，应把教师评价与学生的自我评价、他人评价结合起来。这样可以使教师与学生同时获得反馈信息，及时调整自己的思维形式，实现学生的持续发展。

（一）课堂观察——重在过程

传统课程评价只注意"输入"和"输出"两点，只报"结果"不报"过程"，是一种"暗箱式"的评价。而现代课程评价理念倡导过程性评价和发展性评价。对此，"课堂观察"评价法能及时地了解学生的学习情况，反映学生的学习过程，是对"纸笔测验"评价法的一种很好的补充。教师在实施"课堂观察"评价法时也可以根据需要，结合学生成长记录袋，关注学生突出的一两个方面。

（二）二次评价——重在激励

新的数学课程标准指出：评价的主要目的是全面了解学生的数学学习历程，激励学生学习和改进教师的教学方式。而二次评价法是实现这一理念的有效方式。对于这一点，新的课程标准中也进行了详细的阐述：应当强调的是，学段目标是本学段结束时学生应达到的目标，应允许一部分学生经过一段时间的努力，随着知识与技能的积累逐步达到应达到的目标。对此，教师可以选择推迟做出判断的方法。如果学生自己对某次测验的答卷觉得不满意，教师可以鼓励学生提出申请，并允许他们重新作答。当学生通过努力改正原答卷中的错误后，教师可以就学生的第二次答卷的情况给予评价，给出鼓励性的评语。这种推迟判断淡化了评价的甄别功能，突出反映了学生的纵向发展情况。特别是对于学习有困难的学生而言，这种推迟判断能让他们看到自己的进步，感受到获得成功的喜悦，从而激发新的学习动力。

（三）多方评价——重在全面

多方评价主要包括自我评价与他人评价（如教师评价、同伴评价和家长评价等），但每一种评价方式都有其优势与局限。例如，自我评价有利于学生发现问题、寻找解决问题的方法，促进学生自我发展；又由于学生自己缺少一个客观的标准，因而主观性很强，容易出现对成绩或问题估计过高或过低的情况。因此，在进行他人评价时，教师应鼓励被评价者主动参与评价，强调在评价过程中评价者与被评价者以及被评价者相互之间的双向沟通和协商，从而使被评价者认可通过评价所发现的问题，主动寻求实施改进、促进发展的措施与方法，实现评价的诊断、激励和改进功能。

综上所述，只要教师对教学方式、学习方式及评价方式进行优化和组合，就可以切实提升教师的教学实效。这正如建构主义所认为的，正确的教学模式应该以学生为中心，在整个教学过程中教师起组织、指导、帮助和促进的作用，利用情境、协作、会话等学习环境要素充分发挥学生的学习主动性、积极性和首创精神，引领学生畅游数学时空，最终达到使学生有效实现对当前所学知识的意义建构的目的。

以评价促能力提升

"小学教学多元能力培养与评价改革"实验已经一年多了。一年来，我在上级专家和教师的指导下，认真学习研究，对这项实验有了较深入的理解。

多元能力培养与评价改革强调能力的培养与评价方式的多元化、评价主体的多元化和评价内容的多元化，其实质是全面地培养学生的各种能力，全面评价学生，以促进学生的发展。在数学课堂教学中实施多元能力培养与评价改革，有利于培养学生各方面的能力，提高学生自我评价和评价他人的能力，有利于突出学生学习的主体地位，真正把对学生知识、能力、情感、态度等诸方面的考核渗透到各个教学环节，提高教学效率，促进学生的全面发展。

一、培养学生的多种能力

要进行该项实验，应了解数学能力包括运算能力、获取与分析信息的能力、数学化的能力、实验与操作的能力、数学表达与交流的能力、推理与论证的能力、解决问题的能力、空间想象的能力等。例如，我在讲五年级"多边形的面积"这一单元时，利用转化的思想，注重对学生推理、论证能力，以及实验操作能力的培养。在学习这一单元时，学生能够运用不同的方法独立推导出三角形的面积计算公式、梯形的面积计算公式。他们往往为自己发现了一种新的推导方法而激动不已，在单元测试中，他们的及格率和优秀率都高于同年级的平行班级。

二、构建和谐的评价环境

加德纳的多元智力理论为我们提供了看待"聪明"问题和"成功"问题的全新视角。由此，我们应该清醒地认识到，智力是多方面的，智力的表现形式是各不相同的，我们判断一个人聪明与否、成功与否的标准当然也应该是多种多样的。多元智力理论的本质：承认智力是由同样重要的多种能力而不是一两种核心能力构成的，承认各种智力是多维度地、相对独立地表现出来的，而不是以整合的方式表现出来的。随着多元智力理论的发展，其逐渐被接受意味着学生的学习策略、与他人交往的技巧都将被评价。为促进教学改革，我们应建立起促进学生全面发展的评价体系，建立起促进课程不断发展的评价体系。

因此在教学过程中，我改变原来的以成绩作为评价的唯一标准的做法，努力从多角度评价，营造良好的评价环境，保证学生之间的评价真实、公平，让人人都享有评价的机会及评价的权利。在教学过程中，我注重运用激励机制，充分调动学生学习的积极性，促进其自主发展，充分体现"人人都能学好数学"和"不同的人学不同的数学"的理念。例如，在教授"能被3整除的数的特征"时，先让一个学生随意说几个数，然后教师说出这个数能否被3整除，再让学生评价教师的答案。此时学生的参与热情会很高涨，纷纷各抒己见。有的说：

"老师太神了!"有的说:"老师的本领真大!"有的说:"老师肯定有窍门。"还有的学生说:"这有什么了不起,我也行。"然后,教师可以说几个数,让几位学生来判断,教师和其他学生一起进行评价。这样就能激起学生学习的兴趣。教师和学生一起参与活动,多向交流、评价,营造了平等、民主、自由、融洽、和谐的课堂氛围,使整个课堂充满了活力。

三、构建合理的评价机制

新课程理念强调评价方式的多元化、评价参与者的多元化和评价内容的多元化,学生是主动的自我评价者。教师在评价学生的学习时,既可以让学生开展自评与互评,又可以让家长和社区有关人员参与评价过程,而不仅仅局限于教师对学生的评价。教学的过程是师生互动的过程,学生又是学习的主人。让学生成为评价的主体,可以让学生时刻了解自己、不断改进。这在教学中显得尤为重要。

教师评价的实质是推动学生的学习认识活动,并使学生潜移默化地接受一定的标准,掌握一些评价活动的形式和方法。学生的自主评价可采用自评和互评的形式。自评,即学生根据教学目标对自己的学习状况进行评价,有助于学生随时进行自我反馈、自我分析、自我完善,从而积极地把评价要素纳入自己独立的学习认识活动中去。互评,即集体或学生间的相互评价,主要在于形成集体的标准,使学生在自我评价、自我比较中获得自主发展。

在综合评价中,学生的日常表现情况和作业质量、单元测验成绩以及期末考试成绩应各占一定的比例。教师应进行综合考虑。例如,如果有一位学生平时课堂表现不错,作业质量也很高,单元测验成绩也很好,但期末考试成绩不理想,此时,教师就要参照他的日常表现情况给出较高的评价。相反,如果平时这位学生调皮捣蛋,上课经常搞小动作,即使期末考试考了满分,教师也要在总体评价中扣除相应的分数。

四、采用有效的评价方式

根据多元智力理论可知,教师应通过多种渠道,采取多种形式,在不同的实际生活和学习环境中进行评价;通过多方面观察、记录,了解和分析每个学生的优点和缺点,并以此为依据设计和采用适合学生特点的评价方式。多元评价重视对学生综合素质的考查,既体现了对学生的基本要求,又关注学生个体的差异以及发展的不同需求,从而保证学生获得最大限度的发展。

在评价的内容上,教师应对学生的各方面情况进行全面综合考查。传统的课程评价的范围过于狭窄,过于集中在对学生语言智力和数理逻辑智力发展情况的考查上,无法反映出学生各方面发展的真实情况。多元智力理论启发教师,课程评价应立足于从智力结构的各个方面去全面评价学生,综合考查学生各方面的发展情况,使更多的学生成功地参与到课堂学习活动中。例如,我结合青岛版教材的特点,不仅评价学生的语言能力、思维能力,还评价学生的积极合作能力,以及会想、会问、会用的能力。现在,学生的提问题的能力、积极思考问题的能力以及质疑能力都有明显的提高。

在"条形、折线统计图"这一节课上,学生的表现令我自豪。

张××提问:"我们已经学习了折线统计图,我认为只用折线统计图就可以表示出来了,可以不用条形统计图。"

潘××:"你的看法不合适,条形统计图表示的是数量的多少,折线统计图既可以表示数量的多少,又可以表示数量的增减变化,它们不能互相代替。"

张××快速跑到黑板前,说:"我明白你的意思,但是我认为用条形统计图就可以表示出来,我可以通过画图来表达我的意思。"说完,他马上在黑板上画了一个条形统计图。画完后,他说:"如果把条形统计图的右上方的点连接起来,也可以表示数量的增减变化。"

韩××:"你这样做非常麻烦,如果用折线统计图会非常清晰地表示出来。"

王××:"折线统计图只需要绘出几个点,用线段连接起来就可以,制作简便,并且看的时候一目了然。"

王××:"你的观点我很支持。不过我也有不同的想法,不知对不对。如果只表示数量的大小,我认为用条形统计图就可以表示。但是,如果表示数量的增减变化,那么就要用折线统计图来表示。"(这正是这节课我要讲的主要内容)

姜××:"我同意你的看法。我发现统计股票用的就是折线统计图,可以很清楚地看出股票的涨跌情况,但用条形统计图就太麻烦了。"

张××:"我知道了,原来条形统计图有条形统计图的优点,折线统计图有折线统计图的优点。我们应该根据实际情况选择合适的方法。"

……

在学生的交流中,我就这样高效地完成了本节课的教学任务。学生的思维能力、质疑能力、语言表达能力得到了提高,同时学会了欣赏他人,与他人合作交流。

在评价方法方面,教师应改变过去单一的定量评价方法,适当引入学习过程档案、评价日程表、反思日记、成果展示等定性评价方法,使二者有效地结合起来，在不同的方面发挥各自的作用，以更加全面真实地反映学生的发展情况。在评价的对象上，教师应从过分关注对结果的评价转向关注对过程的评价。按照多元智力理论的观点，评价是一个动态的整体的过程，它不仅发生在教育教学活动之后，而且伴随和贯穿于教育教学活动的每一个环节。在新课程改革中，教师应更多地关注评价对象在各个时期的表现和进步状况，通过关注"过程"而促进"结果"的提升。在评价的主体上，教师应强调评价主体的多元化和评价信息的多元化，重视学生自评、互评。这种转变有利于改善我国中小学课程评价主体单一的现状，加强各类评价主体之间的互动，可以使评价信息的来源更丰富，从而使评价结果更加全面、真实，也有利于促进被评价者自我提升能力和与人合作能力的发展。

多元评价的实施可促进教师的教育观念、教学行为的转变，极大地调动学生学习数学的积极性。这不仅能激发学生自主学习、主动探索的热情，而且能促进学生多种思维能力的发展，有效地促进教师与学生双方互动交流，有利于学生的主动发展，也有利于教师教学水平的提高。

数学多元能力发展与评价实验的效果

前不久，我针对学生学习数学的情况，做了一套调查问卷，对全班72人进行了问卷调查。具体调查情况如下。

一、对于学习数学的态度的调查

1. 在数学课上，对于你会的问题，你会怎样做？（　　）

A. 举手　　　　　　B. 不举手　　　　　　C. 有时举，有时不举

统计结果：举手的有28人，占38.9%；不举手的有0人；有时举，有时不举的有44人，占61.1%，原因是想好了再举。

2. 数学课上你想在同学面前发言吗？（　　）

A. 想　　　　　　B. 不想

统计结果：想的有59人，占81.9%；不想的有13人，占18.1%，原因有：8人说等想好了再说，1人不敢说，2人不会，1人不爱发言，1人认为自己发言没有条理性。

3. 你学习数学快乐吗？（　　）

A. 快乐　　　　　　B. 不快乐

统计结果：快乐的有68人，占94.4%，其中53人喜欢数学老师，认为老师讲课有趣，15人喜欢数学；不快乐的有4人，占5.6%，其中2人不喜欢数学，

2人觉得数学难。

结论：从以上3项调查来看，学生已经有了自己的见解，并且有了自己的个性，遇到问题会用自己的方法表达出来。所以，在课堂上，教师更应该以学生为主体，以课堂为载体，搭建学生交流的平台，让学生充分展示自己，使学生的多元能力得到良好的发展。此项调查结果从侧面也反映了学生学习数学是快乐的。俗话说："兴趣是最好的老师。"学生只有对数学产生兴趣，才能在学习中感受快乐。

二、对于小组合作是否有序高效的调查

1. 小组交流时，你会主动发表自己的见解吗？（   ）

A. 会   B. 不会   C. 有时会，有时不会

统计结果：会的有46人，占63.9%；有时会，有时不会的有24人，占33.3%，原因是还没想好答案；不会的有2人，占2.8%。

2. 小组交流时，你会主动倾听别人发言吗？（   ）

A. 会   B. 不会   C. 有时会，有时不会

统计结果：会的有59人，占81.9%；有时会，有时不会的有12人，占16.7%；不会的有1人，占1.4%。

3. 小组交流时，如果遇到意见不统一的情况，你们是怎样做的？（   ）

A. 个人保留自己的意见

B. 尽量共同分析，找出合理答案，小组达成共识

C. 听组长的

统计结果：选A的有1人，占1.4%；选B的有67人，占93%；选C的有4人，占5.6%。

4. 小组交流完毕后，你们是怎样做的？（   ）

A. 为了加分，没有交流完就坐好

B. 交流出结果后，在小组里说一些与讨论无关的话

C. 交流出结果后，再安排汇报任务，最后坐好等待

统计结果：选A的有3人，占4.2%；选B的有13人，占18%；选C的有56人，占77.8%。

结论：由以上调查结果可以看出，在小组交流时，大部分学生已经知道应该怎样去做，不应该怎样去做，只有这样才能使小组交流有序高效，从而使课堂教学顺利进行。但是也有个别学生没有较强的自制力，所以，我还要在以后的工作中继续探索一些方法，如课堂上教师的个别关注、提醒，小组长的提示、

帮助等，从而使这部分学生也能在课堂上做到高效交流。

综合以上几点，可以看出，大部分学生在课堂上已经明确了怎样做，他们的合作能力、表达交流能力、质疑能力等各项能力均有很大提升。以后，我还要更加关注个别的学习数学不快乐的以及在课堂听讲方面暂时有问题的学生，做到"一个都不能少"，让我班的七十二朵花，在三年级五班这个大花园里，经过教师的辛勤培育，开得更加灿烂。

以单元为整体，整合教材内容

以前，我尝试过"以单元为整体，整合教材内容"的授课方式，但浅尝辄止。本学期伊始，我又重新尝试了一下，讲了几节课后，效果不错。具体来说，我是这样做的。

以一个单元为一个整体，整合一单元的知识点以及培养学生的几项能力。

青岛版二年级数学下册第一单元"有余数的除法"的知识点包括有余数除法的得数的写法、竖式的写法及竖式中各部分的意义。按照教材的安排，这一单元大约占5课时。前3个课时这样设计：第1课时为新授课；第2课时为巩固练习课；第3课时为达标检测课。

具体每节课的教学设计如下所示。

第1课时 有余数的除法（新授课）

能力目标：

①让学生在动手操作这一活动中，理解有余数除法的意义，掌握有余数除法的计算方式，从而培养学生的动手操作能力，通过让学生叙述来培养学生的表达能力。

②操作过程包括"操作—抽象—直观"，可以培养学生数学化的能力。

③让学生观察并概括出"余数要比除数小"的规律，培养学生的观察概括能力。

教学重点：有余数除法的计算方法。

教学难点：试商。

教具学具准备：小棒。

教学过程：

一、创设情境，提出问题

师：上册我们已经学过除法，谁能给大家介绍一些除法的知识？

【之所以设计这一问题是为了培养学生的概括总结能力,让其对上学期学习的除法的知识进行归纳、总结。】

板书:如何用竖式写 6÷3?

师:在我们日常生活中,所有用除法解决的问题都是能正好除尽的吗?请举一例子说明。

【提出此问题是为了让学生发生认知冲突,可能有的学生会根据实际生活举出一个例子,如果举不出来也没有关系,教师可以举一个例子。】

教师举一个例子:"老师想把 7 个苹果平均分给 3 个同学,每人分几个?怎样分?"

要求:

①用小棒代替苹果,动手分一分。

②把你分的过程用算式表示出来。

【设计这一过程,是想让学生在动手操作中思考怎么分,分得的结果是什么。因为出现了余数,与学生以前学的知识发生冲突,所以学生会想办法去表示分得的结果。借助直观操作帮助学生理解有余数除法的意义。这一过程可以培养学生的动手操作能力,使其理解为什么有余数,真正达到让学生在做中学的目的,同时也会使学生感兴趣。】

(一)让学生先自己操作并用算式表示出来,然后小组交流

在此过程中,教师应重点让学生明白算式中的商表示什么意思,余下的在算式中怎么写,又表示什么意思,竖式中的各部分分别表示什么意思。

(二)让学生进行汇报,同时让其他同学注意倾听,可以修改并补充

学生在汇报时尽量汇报得详细、全面,应汇报出以下内容。

①把 7 个苹果平均分在 3 个盘子里,是怎么分的;为什么这样分;有没有分完;每个盘子分得几个;还剩几个。

②剩下 1 个,将它平均放在 3 个盘子里不能再分,就只剩下它了,那就是说,把 7 个苹果平均放在 3 个盘子里,每盘放 2 个,还剩 1 个,那么用竖式如何表示 7÷3。

③被分的数是几;平均分成几份;怎样写。

④每盘分得几个,商是几,写在什么地方。

⑤有 3 个盘子,每盘放 2 个苹果,实际分掉了几个苹果(2×3=6);那个分掉的数"6"应写在什么地方。

⑥7 个苹果,分掉了 6 个,有没有剩余,在竖式里应写在哪。

此时，教师应强调：7个苹果减去分掉的6个，还剩1个，这个"1"要写在横线下面，表示分剩下的数，这个没被分完剩下的数，我们给它起个名字叫"余数"。

板书内容：

$$\begin{array}{r} 2 \\ 3\overline{)7} \\ \underline{6} \\ 1\cdots\cdots 余数 \end{array}$$

⑦横式这样写，在等号后面先写商"2"，为了区分商和余数，在商"2"的后面要点六个点"……"，再写余数"1"，读作"商2余1"。

【这一过程主要让学生通过分一分的过程，体会商和余数表示的实际意义。学生在操作过程中培养了动手操作能力，在叙述过程中培养了有条理的表达及概括能力。整个过程培养了做汇报的学生的数学化的能力，培养了其他学生的倾听的能力。总之，虽然是一个活动，却培养了学生的多元能力，真正达到了使学生掌握知识的同时，培养学生的能力的目的。】

教师领读算式 $7\div 3=2\cdots\cdots 1$，读作：7除以3商2余1。

教师小结：像这样的求出商以后还有余数的除法就叫作"有余数的除法"。

（教师板书课题：有余数的除法）

（三）让学生对照、观察、比较一般除法和有余数除法的异同点，揭示本节课的重点

相同点：算式表示意义相同，都表示平均分；列式方法相同；被分的数、平均分的份数、每份分得的数及分掉的数，在竖式中书写位置相同。

不同点：$6\div 3=2$，正好分完，没有剩余；而 $7\div 3=2\cdots\cdots 1$，没分完，有剩余。正因为有剩余，所以在得数的写法上及读法上不同。

（四）尝试练习：分一分，算一算

$13\div 4=$ $22\div 5=$ $17\div 5=$ $43\div 8=$

学生先独立完成，然后教师引导学生观察：比一比，余数和除数有什么关系？为什么？

【结合实际分的过程，让学生明白其中的道理，让学生不仅要知其然，还要知其所以然；让其不仅要知道余数要比除数小，还要知道余数为什么要比除数小。】

二、总结归纳，反思提升

师：我们今天学习的是什么内容？我们是怎样解决这样的问题的？

【培养学生反思归纳的能力，让学生自己总结学习方法。】

三、巩固、拓展练习，提高能力

（1）基本练习：第4页第1、2题。

（2）解决问题：第4页第3题。

（3）提高练习。

○ + □ = 12　　　○ = □ + □ + □　　　○ = （　）　　　□ = （　）

※ × ◎ = 16　　　※ ÷ ◎ = 4　　　　　※ = （　）　　　◎ = （　）

四、布置作业

搜集生活中有关有余数除法的实例，提出问题并解决问题。

【把数学延伸到课外，让学生意识到数学来源于生活，让学生明白数学知识并不陌生。虽然数学课结束了，但是学到的知识在生活中无处不在，让学生在生活中有意识地用数学的眼光去观察生活、体验生活。】

第2课时　有余数的除法（巩固练习课）

本节课主要让学生巩固上节课学习的知识，并在此基础上有所拓展与提高。本节课用到的练习题如下所示。

一、口算过关

7 ÷ 5 =　　　22 ÷ 7 =　　　31 ÷ 7 =　　　20 ÷ 3 =　　　14 ÷ 5 =

14 ÷ 4 =　　　43 ÷ 8 =　　　72 ÷ 9 =　　　8 ÷ 3 =　　　13 ÷ 4 =

27 ÷ 6 =　　　39 ÷ 7 =　　　32 ÷ 8 =　　　62 ÷ 7 =　　　70 ÷ 8 =

二、用竖式计算

27 ÷ 4 =　　　46 ÷ 9 =　　　29 ÷ 6 =　　　67 ÷ 7 =

三、解决问题

（1）观察第2页野营信息图，自己发现数学信息，提出问题，解决问题。

（2）观察第6页野营信息图，自己发现数学信息，提出问题，解决问题。

四、拓展练习

有一堆苹果，小文说："我6个6个地分，最后余3个。"小明说："我3个3个地分……"请问：按小明的分法，最后余几个？

第3课时 有余数的除法（达标检测课）

达标检测题如下所示。

一、视算

10÷4=	11÷5=	18÷5=	23÷4=	34÷8=	42÷7=
23÷6=	4×9=	65÷9=	30÷9=	22÷7=	7×6=

二、听算

11÷2=	13÷6=	14÷6=	23÷6=	33÷4=	5×9=
34÷6=	43÷5=	50÷7=	37÷7=	67÷9=	22÷9=

三、口算

49÷7=	14÷4=	9÷5=	34÷7=
37÷6=	46÷5=	40÷7=	22÷5=

四、用竖式计算

52÷9=   65÷8=

五、解决问题

60个饺子，每8个盛一盘。一共需要几个盘子？

检测结束后，教师要认真分析学生的作答情况，及时发现问题，并及时进行反馈矫正。

补充知识：有余数的除法的验算方法（课堂实录）。

需要解决的问题：52个苹果，每6个放在一个盘子里，能放几盘？还剩几个？

师：关于这道题，你是怎么想的？

李××：先想6乘几接近48，6×8=48，52-48=4，是余数。

师：怎么知道你计算的得数对不对？

李××：6×8=48，52-48=4，还可以这样算：6×8+4=52。

师：大家认为这个方法怎么样？为什么可以？其他的题也有这个规律吗？举例子试一试。

先让学生独立思考，再小组交流。

学生汇报完毕后，教师点拨：6×8=48，是从52里面分掉的，没有分完，还剩52-48=4，所以验算有余数的除法时，要用商乘除数，再加余数，看得数是否等于被除数。

拓展与补充：进一法与去尾法。

需解决的问题：
①学校有15个篮球，每筐装4个，至少需要多少个筐？
②小明有13个易拉罐，每2个搭一辆小汽车，可以搭多少辆小汽车？
先让学生独立完成，再想一想，最后的答案是什么？为什么？

青岛版二年级数学下册第二单元"万以内数的认识"的主要知识点：计数单位千、万的认识；千以内数的认识；千以内数的读法与写法；万以内数的读法与写法；万以内数的大小比较；估计；整百、整千数的加减法及几千几百加减几百。针对此单元，我安排了3课时来讲。具体每节课的教学设计如下所示。

第1课时 万以内数的认识（1）

能力目标：
①课前让学生经历找生活中万以内的数的过程，培养学生搜集信息的能力，使其感受数学与生活的联系。
②通过让学生用数来描述现象、交流信息，使其进一步感受数学与日常生活的密切联系。
③让学生经历用万以内的数表示事物数量的过程，感受大数的意义，建立初步的数感，培养学生数学化的能力。
④使学生能结合具体情境认识计数单位百、千、万，并能说出各数位的名称及顺序，识别各数位上数字的意义，培养学生观察、归纳、推理的能力。
⑤使学生会读、会写万以内的数，掌握读写的方法，培养学生的归纳、概括能力。

教学重点：结合具体情境认识计数单位千、万。
教学难点：理解各数位上数字的意义。
教学过程：

一、口算过关，限时不限量（2分钟）

【此过程可以提高学生的口算能力。可以在订正的时候，找几个题让学生说一说自己是怎样想的，让学生再一次明确口算的方法。】

二、提出问题，引发学生思考

师：我们以前已经认识了一百以内的数，可是生活中还有比一百大的数吗？

三、小组内交流个人搜集的生活中大于一百小于一万的数字信息

（一）感受一千是多少，一万是多少

师：我们以前已经认识了一百以内的数，可是在生活中还有许多比一百大

的数，你们找到了吗？那么，一千是多少？一万是多少？

【教师通过计数器让学生明白，一百一百地数，十个一百是一千，一千里面有十个一百。一千一千地数，十个一千是一万，一万里面有十个一千。】

接着，让学生感受生活中的万以内的数。

师：谁来说一说生活中你搜集到的万以内的数？

【此过程让学生通过搜集信息及交流信息，感受一千是多少，一万是多少，让学生加深对计数单位的理解，培养数学化的能力。】

（二）交流读法

（1）让学生在小组内交流自己找到的数，并想一想怎么读。

（2）找几个小组板书自己小组内搜集到的信息。

（3）找学生介绍读数的方法。

如果学生没有找到中间或末尾有零的数，教师可以给他们写几个，或让其他同学补充。

【通过交流信息这个过程，学生可以明确多位数应该怎样读，这一过程可以培养学生搜集信息、交流、概括与归纳的能力。】

（4）总结读法。

师：刚才同学们读出了这些数，请同学们试着总结一下遇到万以内的数应该怎样读。

先让学生自己想一想，再小组内交流。

在学生总结后，教师进行归纳概括：从高位读起，千位上是几就读几千，百位上是几就读几百，十位上是几就读几十，个位上是几就读几；数中间有一个零或连续几个零都只读一个零，数末尾的零都不读。

（三）万以内数的写法

师：我们学校大约有二千三百人。一台电脑六千零五十元。你会写这两个数吗？

先让学生自己写，再交流怎样写，最后，总结万以内数的写法。

四、反思归纳，提升自我

师：这节课你又会了哪些知识？

【此过程可以培养学生的反思归纳等能力，让学生有意识、有目的地进行反思。】

五、巩固练习，拓展应用

①教师在计数器上拨数，学生先读数，再写下来。

②教师拨数，学生写数。

③让学生读出下面各数：9804、4194、3006、3060。

④让学生写出下面各数：二千八百三十一、二千零一十七、四千零五。

教后反思：

从表面上看学生都掌握了本节所学的知识，但是经过达标测试发现，有32人做题全对，在其余的学生中，有的错了一道，还有一小部分学生错题较多，没掌握好。我应该做如下改进：

①这一节课可以只让学生认识"千""万"，而对于"万以内数的读法""万以内数的写法"，可以在另外一节课中再讲，这样效果会更好。

②在教学生读法时，应让其有顺序地读，从高位读起，先读千位，再读百位、十位，最后读个位。

③应让学生明确各数位上的数表示的意义，结合意义去读。

第2课时　万以内数的认识（2）

本节课主要让学生巩固上节课学习到的知识，并在此基础上有所拓展与提高。

一、口算练习

让学生练习读数、写数。

二、达标测试

教后反思：

达标测试有43人全对，错1道的有20人，错2道的有3人，错得较多的有5人。这说明大部分学生都掌握了万以内数的读写方法，各种能力在练习过程中也逐步得到提高，个别学生还需加强练习。

第3课时　万以内数的认识（3）

能力目标：

①让学生在比较万以内数的大小的过程中，发现规律，总结方法，培养学生概括归纳的能力。

②在解决生活中的问题以及比较具体数的大小的过程中，渗透"转化"的思想和方法，培养学生数学化的能力。

③在认识"近似数"的过程中，让学生体验解决问题策略的多样性，培养学生灵活解决问题的能力。

教学重难点：让学生学会比较万以内数的大小，并发现规律，概括归纳出方法。

教学过程：

一、口算过关，限时不限量（2分钟）

【此过程可以提高学生的口算能力。可以在订正的时候，找几个题让学生说一说自己是怎样想的，让学生再一次明确口算的方法。】

二、创设情境

师：同学们，你们知道吗？城市里的学生也要到农村参加手拉手活动，让我们一起跟着他们到农村去看一看吧！

【此过程通过让学生发现信息、提出问题，并解决问题，培养学生发现问题、提出问题及解决问题的能力。】

（一）发现信息，提出问题

师：你发现了什么？

学生说完后，教师板书：苹果树950棵，梨树1200棵；动物彩蛋530个，脸谱彩蛋495个；鹌鹑895只，鸽子806只。

师：你能提出什么问题？

学生提出问题，教师板书：哪种果树多？哪种彩蛋多？鹌鹑与鸽子谁多？

（二）解决问题

1. 解决"哪种果树多？"

师：先独立思考，再把自己的想法在小组内交流。

学生交流的情况如下所示。

第一种：1200比1000大，950比1000小，所以1200大于950，梨树多。

第二种：1200是四位数，950是三位数，所以1200大于950，梨树多。

第三种：1200最高位上的数是一个千，950是九个百，不到一千，所以1200大于950，梨树多。

2. 解决"哪种彩蛋多？""鹌鹑与鸽子谁多？"

师：先独立思考，再把自己的想法在小组内交流。

学生交流的情况如下所示。

第一种：比较百位上的数，530的百位上是5，495的百位上是4，5大于4，所以530大于495，动物彩蛋多；先比较百位上的数，895和806的百位上都是8，接着比较十位上的数，9大于0，所以895大于806，鹌鹑多。

第二种：495接近500，而530大于500，所以动物彩蛋多；895接近900，806接近800，900大于800，所以895大于806，鹌鹑多。

【此过程培养了学生解决问题的能力，让学生体验了解决问题策略的多样

性，同时在交流信息的过程中，培养了学生的数学表达交流能力。】

3.归纳概括，总结规律

师：通过比较结果，1200＞950，895＞806，530＞495，你能总结出比较万以内数的大小的方法吗？

【通过让学生归纳、概括总结万以内数的大小的比较方法，培养学生的归纳概括能力。】

三、反思归纳，自我提升

师：这节课你又学会了哪些知识？

【此过程可以培养学生的反思归纳能力，让学生有意识、有目的地进行反思。】

四、巩固练习，拓展应用

①自主练习：第1题。（先独立完成，后集体订正，并让学生说明他是怎样比较的）

②做第22页第2题。（先独立完成，后集体订正）

③举例说出生活中用到的万以内的两个数字，并比较它们的大小。

小学数学教学中学生计算能力的培养策略探究

我刚教过六年级一个班。我是从一年级开始接手这个班的，一直教到六年级。这个班里的学生六年来的学习态度的变化，引起了我深刻的思考。回想起学生在一年级刚刚入学时那一张张天真无邪的脸，课堂上无拘无束的发言，课间与老师的嬉戏……到六年级时竟然出现厌学情绪，他们在课堂上听讲不够认真、发言不主动、害怕考试、抄袭作业、与人交流时不自信……

上述种种现象，是否与我们的教学策略与评价有关系呢？仔细分析其中的原因，可以发现：有的教师纯粹为教计算而教计算；有的教师教授的计算内容枯燥；有的教师在课堂上忽视口算基本技能的训练；学生在测验时计算出错占很大比重；等等。我针对以上问题，进行了深入的探索。

计算教学要求教师必须重视口算，不能忽视学生的口算学习，也要注意教授多样化的计算方法。口算是基础。但是，在课堂教学过程中，口算训练少之又少，多样化的算法反而更受关注。也就是说，教师应该"重视"的未被重视，而在"提倡"或"鼓励"上大做文章，长此以往，教学质量怎会提高？在教学过程中，我发现：一年级数学内容"20以内的进位加和退位减"是以后学习运算的基础，对于此内容，学生必须掌握熟练。鉴于这些情况，我在平时教学中加强了口算训练。

一、寓计算教学于情境中，激发学生学习计算的兴趣

计算教学的算理和方法是基础，是解决实际问题的必要工具。对于此，学生必须掌握。而在实际教学中，学生对于计算内容的学习却感到很乏味、枯燥。怎样使枯燥的计算学习更贴近学生的生活实际，让学生感到有趣，是我们要认真研究的。在实践中，我慢慢意识到，让学生把要解决的问题，融入具体的生活情境中去探究，枯燥的计算反而会变得十分有趣。例如，在讲"20以内的进位加法"时，我创设了小动物采摘苹果的情境，分别出示每只小动物的采摘结果，小猴子：盒子里有9个，盒子外有3个；小松鼠：盒子里有8个，盒子外有6个……让学生摆一摆、算一算，每只小动物一共摘了多少个果子，并互相说一说自己的想法、算法。这样，会使学生积极、主动地进行探究，很快掌握方法和算理。这样教学，学生的计算能力和解决实际问题的能力会得到很大提升。

二、口算过关

我在每节的课堂上对学生进行3分钟的口算训练，如看算式，写得数；读算式，说得数；听算式，写得数。具体做法：将口算题写在卡片上，一次出示一张，停留约一秒钟，然后放下卡片，让学生记忆原题，说出或写出得数；或者让学生听算式，写得数。这样的训练开展了近两个月，我班学生的计算能力得到了很大提高。

三、计算小测验

我经常对学生进行计算小测验，定时不定量，即规定测验的时间，而不规定测验题的数量。例如，我在测验20以内的加减法时，在一分钟内出示了20道题，竟然有四五个学生能做完并做对，大多数学生都能做对10道以上；在2分钟内出示40道题；有一次在3分钟内出示了60道题，3个学生都能做对，大多数学生能做对35道左右。测验结果出来后，我给达到标准的学生加1颗星，给超额完成的学生再另加1颗星。

四、组织丰富多彩的竞赛活动

为了提高学生的学习兴趣，教师可以举行计算竞赛、课堂作业月内无错题的活动。凡是达到要求的，都应得到奖励。

多措并行,提高学生科学探究能力的研究

一、实施提高学生科学探究能力的策略的目的

列夫·托尔斯泰说过,"如果学生在学校里学习的结果是使自己什么也不会创造,那他的一生永远是模仿和抄袭"。21世纪,培养创造型人才的基础教育,就是从培养科学探究的品质、科学探究的思维能力和科学探究的精神、科学探究的动机等基本素质开始的教育,也是培养未来发明者、科学家的启蒙教育。

新课程标准中的科学探究指的是学生探究式学习活动而非科学家的科学探究。因此,我们可把科学探究定义为,在教师的指导和帮助下,让学生经历与科学工作者进行的科学探究相似的过程,学习科学的知识和技能,体验科学探究的乐趣,学习科学家的科学探究方法,领悟科学思想和精神,全面提高科学素养。科学探究重在探索的过程,而非结果;重在证据的收集,而非繁杂的计算;重在对结果进行评价,而非结果本身。

基于此,我们多措并行,旨在通过多种策略,提高学生的科学探究能力。

二、实施提高学生科学探究能力的策略的过程

(一)以课堂教学为载体,培养学生的探究能力

1. 创设问题情境,精心设计开放性和实践性问题

教师设计开放性问题,让学生面对多种疑问,产生浓厚的探究兴趣。例如,在讲到"摩擦"这节探究课时,为了启发学生思考,可以这样问学生:"什么是滑动摩擦?你能用什么事例证明给大家看滑动摩擦是存在的?"

2. 以实验为平台,提升学生的探究能力

在课堂上多设计探究实验是一种培养学生的科学探究能力的有效途径。例如,在研究压强的大小与什么因素有关的探究性活动时,教师可以提出问题,并让学生充分讨论这个主题,先让学生大胆猜想与假设,根据自己的猜想确定所需器材,拟定实验步骤,然后进行分组活动,让学生自主分析实验数据,最后集体讨论得出科学结论。学生只有在控制变量的情况下,才能顺利得出结论。这样,学生对影响压强的各因素就会有一个全面而深刻的了解。

(1)"做好"验证性实验

在被动模仿中开发小学生科学探究的潜力的验证性实验通常是指在一致结

论的基础上，小学生通过被动地模仿前人已经做过的实验所进行的验证结论的实验。这种实验的特点是循规蹈矩，按部就班。这对小学生探究能力的培养有一定的影响。但教师不能因此而忽视或丢弃这种实验方法，因为这种方法不但能使小学生追寻科学家的探索足迹，能使初学者体会和领悟到科学思想、科学方法和科学原理，而且这是通过实验探索自然奥秘的捷径。同时教师通过变换方式也能达到开发小学生科学探究潜力的目的。

在验证中求新，在求新中探究。在做验证性实验时，教师要多鼓励小学生思考有没有比这种方法更好更直接的方法，让其在求新中探究好方法。例如，小学生在被动模仿教师演示的"冷和热"实验时，往往不能很好地掌握其中的变化规律。这时教师可鼓励小学生换一换思考的角度，让学生经历、体验由热到冷的过程。教师可问学生："你能用什么办法让热水冷下来？""你怎么知道热水变冷了？"这些问题以学生的生活经验为基础，能使课堂气氛立即活跃起来。接着，让学生动手做一做，充分感知由热变冷的过程。在实践中，学生能够设计出不同的方案，并且能自觉地使用温度计和做一些记录来形象地描述热变冷（或冷变热）的过程，通过反复验证，最后得出正确的结论。这样就使小学生在做这种验证性实验的同时，达到求新而探究的目的。

在验证中发散，在发散中探究。针对验证性实验中的某些问题，教师可以引导小学生利用发散性思维来进行探究。如对于某些对照性实验，就可以让小学生自行设计出不同的实验组进行探究。像"植物与环境"的对比实验，教师就可以启发小学生以不同植物为实验材料、创设不同环境等进行对照实验。当用这一组植物（或某一种环境）做实验时，可启发学生用其他的植物（或其他环境）代替，来观察不同植物的生长所需要的条件，分析植物的长势为何有所不同，让小学生在实验中去找答案。

在验证中求疑，在求疑中探究。在实验过程中，教师应鼓励小学生经常问"这样做对吗？""这样做好吗？""能否那样做？"例如，在鼓励小学生做验证种子萌发条件的实验时，小学生质疑："完全淹没在水中的种子不能发芽是被水淹的原因吗？"在得知了是缺少空气的原因后，其又问："能否用给鱼用的加氧泵进行充气使种子萌发？"接着教师鼓励小学生自行实验探索释疑。通过提出问题并验证，小学生科学探究的潜力就得到了较大程度的开发。

（2）"做活"启发性实验

在主动探求中发展小学生的科学探究智力的启发性实验是在给出课题、提出要求、准备多种仪器用品等材料的基础上，由小学生自行设计实验方案和操作步骤，并创造性地独立完成实验任务。这种实验方法集增长科学知识、提高实验技能、培养科研能力于一体，使小学生积极参与，在探究实验结论的过程中发展了小学生的智力。而掌握这种实验方法，将使小学生获益终身。启发性实验的一般步骤：第一，教师创造情境（或从录像、报刊、网上查询）；第二，教师启发小学生思考，引导小学生提出有探究价值的问题及有针对性的假设；第三，教师引导小学生正确设计具有科学性、可行性的方案（常有对照组）；第四，教师让小学生按要求操作实验（常多次进行，以保证数据的可靠性）；第五，小学生通过实验得出与假设相关的结论；第六，教师引导学生进一步将结论引申到实际生活中，同时检验整个实验的正确性。

启发思路，唤醒探究意识。由于社会信息化程度的大幅度提高，现在小学生的思维又呈多极化特点，因此小学生自身并非没有探究意识，而是缺乏行之有效的启发方式。这里需要教师做一些工作，如向小学生提供一些有探究价值的报刊和网站；开展一些相关的讲座；放一些无土无公害蔬菜的栽培等内容的录像；带领小学生在学校附近进行生态系统状况的调查、分析和评价；等等。实践证明，只要启发思路正确，就会唤醒小学生的探究意识。

创设情境，激发探究行为。科学学习是以探究为核心的。因此教师可通过创设一定的情境，激发学生的探究行为。例如，学校在可能的情况下应为小学生提供适当的实验设备和实验仪器等，为小学生进行探究实验创造一定的条件；也应通过多种途径筹措一些资金，让高年级小学生在教师的指导下外出考察和调查，让小学生在大自然和新环境中迸发出新的探究火花；还可放一段污水处理方面的录像，让小学生在思考启示中探究低耗、简捷处理污水的措施；等等。又如，教师在上"热对流"一课时，就可让学生思考"液体中有没有这种现象""怎样把冷水、热水分开"等问题，教师可以提供一些必要的实验用品和材料，通过情境的创设，启发学生设计实验方案，让小学生动手进行探究。

（3）"做全"整合性实验

在多维探索中培养小学生的综合实验能力的整合性实验就是小学生通过一系列相关的多因子探究实验，完成一组或若干组实验任务的实验方式。这种实验包括多角度拟题、设计方案、分析矫正（相关实验间交叉、重合等因素影响）、思考结论、撰写综合报告等程序，相对于单因子因素实验要复杂得多，故属较高层次的探究实验。高年级小学生在做此类实验时，应尽量将各种因素考虑周全，最终达到"一举多得"的目的。

整合设计，树立整合意识。做实验，有时不是就单个因素进行探究，而是对多个因素进行整合。教师应让学生在做一个整合实验的过程中，探索多个方面的结论，从而使小学生树立整合意识。同时小学生无论何时做实验，都应在考虑可能得到的实验结果时，捕捉那些在做整合实验前并非设想但却在实验中出现的新问题，要有求真求实的精神。

整合实验，培养多维思想。学生要把实验过程整合到一起，在实验中进行多维思想训练。如在做昆虫饲养的实验时，还可以探究影响昆虫生活习性的因素（如光照、温度、湿度、土壤、食性等），探究昆虫的全部生活史（各个生长发育时期的生长状态等），探究该种昆虫与人类的关系（若有害则探究防治方法，尤其是生物防治方法，若有利则探究保护与利用的途径和方式）等。通过这种较为复杂的整合性实验，小学生自行思考、设计、操作、整合，培养多维思想。

整合结论，提高综合能力。整合实验结论是指通过整合分散的、零散的因素，得出一些符合实际的规律性的结论。就像达尔文整合自己多年所观察到的生物现象，最终总结出"自然选择学说"那样。例如，学生通过饲养昆虫的探究性实验，整合出一篇关于这种昆虫的生物学特性的调查报告来。学生在分析归纳中也提高了综合实验的能力。

（二）开放实验室，让学生在实践中提升探究能力

我校在学生的闲暇时间或综合实践活动时间内，一直开放实验室。各班教师可以提前写出申请，实验室管理员根据申请统筹安排。

（三）设置走廊展示台，让学生时刻受科学的熏陶

我校充分利用空间，在教学楼的墙壁上，做了一些展示橱窗。其中有学生的作品、日常生活中少见的动物等。

（四）用评价引领，激励学生探究

1. 注重探究方法和过程的评价

新的科学课的课程标准对学生的评价问题做了详细的阐述。新的课程标准中强调"科学课程的评价应能促进科学素养的形成与发展"。因此，科学探究能力的评价不仅要关注学生的探究结果，更要关注他们的探究过程。学生在进行科学探究的过程中，在观察自然事物、发现以及提出问题的能力的发展过程中，在设计实验、动手操作能力的发展过程中，在信息搜集、整理、分析、推理、归纳、总结、质疑、交流、评议等能力的发展过程中，在情感、价值观等的发展过程中，都体现了学生科学素养的发展。只有注重了探究过程的评价，才能有一个好的结果。另外，评价的形式也应该是多种多样的。不应只有考试这一

种形式。例如，教师平时应为学生建立一个探究过程的记录本，以及时记录学生的各种变化，从发展变化的程度上反映学生的探究能力；通过实验、竞赛等形式来评价学生的动手实验能力；还可以让学生通过对一定的自然环境、自然事物或自然现象等进行考察研究，撰写考察报告来反映学生的综合素质能力；等等。在对学生的科学探究能力进行评价时，教师、学生、家长甚至社会成员都应参与进来。总之，教师应重视对学生的评价，且应做出一个公正、积极的评价，以促进学生科学探究能力的提高。

2. 评价导引，让学生养成探究习惯

"科学课程的评价应能促进科学素养的形成与发展。既关注小学生学习的结果，更要关注他们学习的过程。"教师应建立相应的评价机制，把探究的过程、创新的"成果"作为评价的重要组成部分，每次课都应依据实验探究的情况，实施定性与定量评价，培养小学生进行科学探究的习惯。教师也可定期留探究性作业，如设计一个检验种子化学成分的方案等；让小学生撰写与探究实验相关的小论文，以考查小学生的实验设计能力和探究学习能力。同时还可把评价作为一种创造性实践，让小学生进行植物嫁接、植物标本的采集与制作、小动物饲养条件的实验等。这都能很好地培养小学生的探究精神。

（五）走进生活，让小学生在实践中提升探究能力

教师可以以社会、生活热点为探究题目，发展学生的探究能力。在实际的探究活动中，学生可以以小组活动为主要活动方式。这为学生彼此之间的交往合作提供了机会。学生在活动中分工合作，在小组这个学习共同体中学会与人相处，发展协作能力，共同进步，增强合作意识。同时，综合实践活动将学生置于广阔的社会环境之中，让学生学会与社会接触，与陌生人打交道，使学生的临场应变能力、交往能力得到提高。

课后提升与课堂内容衔接的有效策略探究

一、问题的提出

新的数学课程标准指出："有效的数学学习活动不能单纯地依赖模仿与记忆，动手实践、自主探索与合作交流也是学生学习数学的重要方式。"课后作业是师生交流的桥梁，是课堂教学的延续。因此做作业应该是一个生动活泼、主动和富有个性的学习过程。当前，小学数学作业设计存在如下弊病：①模仿

性作业多，创新性作业少；②形式单调的作业多，开放性作业少；③机械重复计算作业多，探究体验作业少；④脱离学生实际的作业多，应用知识解决实际生活问题的作业少；⑤书面作业多，动手实践作业少；⑥个体独立完成的作业多，合作完成的作业少；⑦课内作业多，课外活动作业少。这样必然影响学生的学习数学的兴趣和创新能力，对教学质量的提高有很大的影响。

基于以上情况，有必要改革小学数学作业的设计，使学生快乐学习，保持童真，融趣味性、层次性、创新性于一体，不但要激发学生浓厚的学习兴趣，而且应给学生留有自主选择的空间，使他们有更多的自由支配时间，充分张扬个性，增强学生学习的自主性。

二、课后提升与课堂内容衔接的有效策略

课后提升可以通过精心布置课后作业来实现，具体而言，有以下几个策略。

（一）课后作业的设计应注重趣味性

1. "游戏式"作业

游戏是低年级学生最喜欢的活动之一。学生可在游戏中边玩边学。学中有玩，玩中有学。"游戏式"作业将学生所要学的知识蕴含于游戏中，是学生最喜欢的作业形式。学生在游戏中学习，不仅可以在学习中体验知识的魅力、成功的喜悦，而且培养了与人交流合作的能力。例如，青岛版的小学数学教材有一个特点是由"情景串"引出的。情景教学是新课程教学的一大特色，因此教师就应给一些枯燥的作业创设一定的故事情境，从而充分调动学生的积极性。例如，在学生学完"千克、克、吨的认识"后，教师设计的课外作业是修改"小马虎的日记"。原文内容：今天早晨，我起床洗脸后，吃了一个大约50千克的鸡蛋，喝了一袋500吨的牛奶，背起大约3克重的书包，赶忙去上学，路上看到一辆载重约4克的卡车，在路上撒了很多沙子，约有1克重，给行人带来很大不便。我赶紧告诉了司机叔叔。我怕迟到急忙跑步去学校。

原来干巴巴的"判断题"，摇身一变，成了富有情趣的"小马虎的日记"。包装后的作业融语文、数学知识于一体，形式活泼、趣味十足，学生找出错误，完成了作业。

2. 动手小制作

"儿童是用形象、色彩、声音来思维的。"所以，教师可结合学科内容特点，设计一些绘画式动手操作类型的作业，用绘画的方式让学生巩固、应用所

学的知识；也可以让学生制作一份手抄报，内容可包括：整理本单元所学的重点内容、容易出错的地方，或者自己的学习心得以及数学知识与生活的联系等。在制作手抄报的过程中，学生发展了搜集信息、整理信息和解决问题的能力，同时也培养了动手操作能力及创新能力。例如，在学生学完"轴对称图形"后，我让他们利用所学的知识画出一些相关的美丽图案，感受数学的美。这样就让学生感到新鲜有趣，不仅使其巩固了所学的知识，还激活了他们的思维，使他们迸发出创新思维的火花，把一次次作业变成一件件艺术品。

3. 小故事创编

小故事能培养学生浓厚的学习兴趣，开阔学生的眼界，增强学生思维的灵活性。所以我们根据低年级学生的年龄特点编写了一些小故事，并将其作为上课的辅助材料。对于知识性的故事，我主要在课堂结束前几分钟将其念给学生听；对于需要进一步思考的故事，我就印发给学生，让其回家后在家长的帮助下完成。中、高年级的学生可以根据所学的知识，融知识于故事之中，自己编写小故事。

4. 撰写日记或周记

日记或周记是学生直抒胸臆、尽显个性的一方天地。让学生写周记，可以使学习更贴近学生的情感空间，拉近学科学习与学生生活的距离。这样一个个性化很强的空间，有助于激发学生内在的学习动机，能有效促使学生主动思考与自主发展。周记是学生记录收获、反思学习过程、抒发学习情感、展示奇思妙想的一种载体，篇幅可长可短，能体现个性风采最好。

（二）课后作业的设计应注重实践性与开放性

操作实践是一个手脑并用的过程，是培养技能技巧、促进思维发展的一种有效手段。

因为小学生的思维主要处于具体形象阶段。小学生还不具备完全依靠推理等纯抽象的方法获取知识的能力，学习一些抽象的规律性的数学知识，还需要借助必要的操作活动。实践性作业激发了学生的兴趣，发展了学生的动手操作能力及思维能力。

1. 综合性实践作业

我们通常认为，书面作业对基础知识的巩固更有效，而实践性的操作活动更容易提高学生的动手能力，对增强学生思维的开放性、灵活性以及提升学生的综合素质更有效。那么，教师在设计拓展活动时就要根据不同的要求而有所侧重。

例如，在学生刚刚学习完"多边形的面积"之后，教学活动应该以巩固基础知识为主，所以教师应该设计一些基本的面积计算书面作业。而当学生掌握了基本的面积知识之后，教师可以设计这样的拓展活动——装修自己的房间，让学生完成表2-7。

表2-7 装修房间费用表

装修部位	长（米）	宽（米）	高（米）	面积费用（元）
门				
窗				
地面				
墙壁和顶				
合计费用	—	—	—	

上述的活动设计从学生的生活实际出发，学生通过测量和计算解决装修中的一些实际问题，体验到数学与生活的密切联系，而且使学生的动手操作等能力得到发展。

又如，在学生学完"统计"后，可以让学生实际去调查一个星期内自己家扔掉了多少个塑料袋，画出统计图，进而说一说为了保护环境，怎么解决这个问题。

2. 调研型作业

所谓调研型作业就是让学生进行社会调查，用研究的眼光来分析调查所得的资料，再运用多种知识来解决生活中的实际问题的一种作业类型。调研型作业会让学生经历搜集信息、做一些数学小实验、做小课题研究、撰写小型研究报告或实验报告的过程。这种体验对学生形成敏锐的数学眼光、科学的思维习惯以及科学的意识有益处。这类作业可以被安排在每册书的统计知识后。例如，教师可以安排学生调查同学的爱好情况、家里的开支情况等，让学生进行数据整理分析后，画出图表，同时提出日常建议。这些有趣又紧密联系学生生活实际的数学问题有效地调动了学生参与探索的积极性。学生在完成作业的过程中，还将数学知识与其他学科知识进行了有效整合，有利于学生综合素质的提高，发展了学生的多元能力。

（三）课后作业的设计应注重合作性与实践性

自主互助学习型课堂开展以来，学生面临的作业更多是合作性作业。该类作业需要学生密切合作。该类作业打破了传统作业"独立作战"的形式，变个体型为合作型，需要学生与学生、学生与家长、学生与教师共同合作完成。

1. 亲情型作业

一些学生不能独立完成作业，此时家长可以参与进来。这样，既可以开阔学生的视野，又能促进亲子关系和谐发展。例如，在学生学习完"简单的加减法"后，教师可以让学生在家里与家长玩扑克牌游戏，边玩边计算两人手中扑克牌包含的数字的和与差；在学生学了"高矮"后，可以让学生与爸爸妈妈比高矮，并用"谁比谁……"说一句话。在这种充满亲情的环境中，学生学会了交流，学会了合作，其在知识、技能、情感方面都有所收获。

2. 友情型作业

教材中的许多实践活动，如量身高、测一分钟跳绳的个数、测跳绳后的脉搏次数、量校园花坛的周长、算操场的面积、测黑板的高度、调查学校各班眼睛近视学生的人数、模拟购物等，都离不开学生间的合作，有的甚至需要学生合作一段时间。为完成这一类作业，学生既有分工，又有合作，大家出谋划策，彼此信任、互相帮助，在互助中促进了交流，在交流中学会了合作。学生之间的合作可以促使学生优势互补，使每个人都有机会展现自己的长处，在学习和思考中擦出思维的火花，并学会互相尊重和沟通，从而提升学生的人际交往的能力。

（四）课后作业的设计应注重拓展性与提高性

1. 分层次作业

通常，教师设计的作业都是统一题目的。这不利于学生通过作业练习在自己的"最近发展区"得到充分发展。教师在作业评价上也是用统一的标准，或好或差，或对或错。这样根本不能调动全体学生（特别是后进生）做作业的积极性。为了使作业设计切合各类学生的实际，为了使作业评价能有实效，教师可以对学生作业进行分层设计、分类评价，使优等生、中等生、后进生各类学生都能形成积极进取的学习态度。这样有利于各类学生通过作业巩固所学知识，形成技能，发展智力。

分层设计：教师可以根据各组的成绩情况布置相应的作业。针对每天的作业，采用优化的弹性作业结构设计，分基本作业、提高作业、超额作业。凡是学生本课时必须完成的作业，视为基本作业。教师应允许优等生不做此类作业，但中等生、后进生人人要完成。考虑到学生学习成绩有好、中、差的实际，教师可将题目做些变化。变化后的作业可被视为提高作业，供中等生和后进生完成。另外，教师还可设计一些难度较大的作业。这样的作业可被视为超额作业，供优等生来完成，以使他们在更大的空间展示自己的能力，感受学习的喜悦。

分类评价：采用分类评价的方法对学生进行测评，就是对质量不同的作业采取不同的标准。对后进生的判分标准适当宽松些，而对优等生的判分标准应适当从严。在完成作业的时间上，可放宽中等生、后进生完成作业的时间期限，而对优等生可严些。例如，对于后进生，只要其做对基本作业，就可以给其满分；对于做对提高作业的，半倍加分；对于做对超额作业的，一倍加分。而对于中等生，只要其做对超额作业，就半倍加分。又如，对于中等生、后进生，如果其作业做错了，可暂不打分，等他们真正学会并订正后，再给他们判分。有时，后进生在订正作业后还不能全懂，教师便可针对他们作业中出现的问题，再设计一些题目让他们补做，使他们练一次、进一步，再练一次，再进一步。这样，他们就会从日益增多的分数上，切身体会到经过努力，学习成绩在提高。对优等生的作业也应采取分类评价的方法。教师可让优等生之间比完成作业的速度、比作业的准确性、比作业的思维质量，改变那种只要书写认真、答案正确就可以判满分的做法。通过分类评价优等生的作业，在优等生中营造竞争的氛围，使他们永不满足。

2. 数学集锦

班里一些有潜力的学生，可以向更高的目标迈进。因此，教师应鼓励学生把自己平时在课后做过的一些难题记录下来，与其他同学分享。例如，每日出一题，让大家都参与进来。完成的学生要主动找小组长检查，过关后，小组长应给予其相应的加分奖励。对于不会做的学生，由小组长当"小老师"为其讲解，直到其会做为止。有竞争、有奖励，会促使学生自主学习的欲望变得非常强烈。因为有自我学习的内部动力，所以他们都成了统筹安排的高手。很多优等生还主动承担起了设计集锦作业的工作。

总之，数学新课程的基本出发点是促进学生全面、持续、和谐发展。课后延伸与课堂衔接的改革，也应立足于这一出发点，为学生的终身可持续发展奠定基础。教师应设计符合学生天性的课后作业，使作业更生活化、应用性更强、更能激发学生兴趣，让处于不同水平、不同层次的学生都体验到数学学习的乐趣。面对这样"多彩的"课后作业，学生会自愿接受，他们会十分乐意设计出一张张生动有趣的数学图画、一份份充满童趣和个性的数学作业。数学学习也就会洋溢出生命的气息。

"三级"课堂管理体系探究

课堂是教育教学的主阵地。每个教师均有自己的个性特点，所以也就产生了不同的教学风格。我们经常看到一些现象：在有些教师的课堂上，学生十分守纪律，教学效果很好；而有的教师的课堂乱哄哄。众所周知，有效的课堂管理可以调动学生的积极性，激发学生的学习动机，是优质高效课堂必不可少的一部分。

所谓"三级"课堂管理体系，指的是对学生的个人课堂、小组课堂和全班课堂三个层面的管理。通过多年的教学实践，我认为只有通过上述"三级"课堂管理，方能使课堂有序、高效，从而使学生的核心素养在学科教学中得到发展。

一、课堂管理的阶段性

课堂是一个特殊的环境，多勒认为，课堂具有六种特征：多维性、同时性、快速性、不可预测性、公开性、历史性。因此教师应对不同年龄段的学生采取不同的管理方式。经过探究，我们认为，小学可以分为以下三个阶段。

第一阶段，低年级的管理。这一阶段的学生正处在学习如何"上学"、成为一名"学生"的阶段，他们对学校和课堂的常规一无所知或知之甚少。因此，课堂管理的方式是直接教授课堂常规，包括规则和程序。只有学生掌握了课堂的基本规则和程序之后，才能进行学习活动。

第二阶段，中年级的管理。这一阶段的儿童一般都已熟悉了学生这一角色，已经掌握了许多课堂常规。在这个阶段，教师应在监控和维持常规上而不是在直接教授规则和程序上花费更多的时间。

第三阶段，高年级的管理。这一阶段的学生正处于青春期，开始否定权威，在思想上、情感上都出现一定程度的混乱，在行为表现上出现的问题也在增多，而且不服从管理。这一阶段管理的问题是如何建设性地处理这些混乱，如何激励那些对教师的意见不以为然的学生。

二、"三级"课堂管理体系的有效策略

课堂管理的关键是打造优质高效课堂。捷克教育家夸美纽斯说过："找出一种教育方法，使教师因此可以少教，但是学生多学。""三级"课堂管理策略，力图解决"以学生为中心"的主体地位的问题，变"被动学习"为主动学习。而教师借助这一策略，能够将教材有机整合起来，精心设计，合理调控课堂教学中的"教"与"学"，让学生通过自主、合作、探究、交流、展示、反馈等学习活动，真正成为学习的主人，从而极大地提高课堂教学效率。

（一）个人课堂管理的有效策略

低年级的管理策略是教师直接教授课堂常规，中年级的管理策略是教师监控和维持常规，高年级的管理策略是教师指导学生进行自我管理。当课堂教学已能充分发挥学生的主体作用和教师的主导作用时，学生良好的学习习惯和风气也基本形成，学生的自控力、自制力都大大增强。这时可让学生进行自我管理。管是为了将来不管，这是课堂教学管理的最高境界。这时教师重在指导学生分享管理的方法和经验，使他们学会管理，同时加大教学改革力度，采用各种方式，使学生形成自我管理习惯并提升学生的自我管理能力。

1. 大组套小组的课堂管理评价法

把整个班分为四个大组（红、黄、蓝、绿四组），在这四个大组下分别设四个小组，共十六个小组（红队一组、红队二组、红队三组、红队四组；黄队一组、黄队二组、黄队三组、黄队四组；蓝队一组、蓝队二组、蓝队三组、蓝队四组；绿队一组、绿队二组、绿队三组、绿队四组），并给每个小组的成员进行编号。每节课结束后，及时对每个成员的表现情况进行评价。

2. 利用彩虹表进行管理

教师应在教室里设置一个彩虹表。在每一天开始上课的时候，表中所有人的姓名牌都是同一水平的。如果学生有进步，就将他的姓名牌往上移动，反之则往下移动。此表直观清晰。每天放学前，教师应向全班学生进行展示，让学生每天都能看到自己的表现情况。

3. 利用课堂管理评价表进行管理

课堂最能体现学生学的情况和教师教的情况。为了调动学生在课堂上的参与积极性，提高课堂效率，我们根据学生在课前准备、发言、合作、质疑、倾听等几个方面的表现情况设计了课堂管理评价表，课后由学生把上课的情况

记录到表里。只要学生有一项表现得好，就给学生加1颗星；只要学生获得了10颗星，就能兑换1个"月亮"；只要学生累计5个"月亮"，就能兑换1个"太阳"。只要学生得到"太阳"，教师就要把他的照片贴到"班级展示台"，而且可以让其选择拥有一项特权。

学生的特权：①免一次数学作业；②挑自己喜欢的同桌（限1天）；③给同学出5道题；④把自己喜欢的玩具带到学校（限1天）；⑤做教师的小助手（限1天）；⑥申请发一本练习本。

对于个别表现不好的学生，除了要扣除星之外，还要求其从以下几种方式中挑选一种进行自我惩罚。此方法可用于高年级的学生。惩罚方式：①为别人、为集体做件好事，以补偿内疚心理；②为大家唱支歌，或表演个节目；③写一份说明书；④写一份心理病历。

奖优罚劣可增强学生健康的自我意识。将惩罚变为一种令学生感到愉快的自我教育活动，可以促进其人格的自我完善。通过使用这种方法，学生的各种学习习惯逐步养成。

（二）小组课堂管理的有效策略

1. 划分学习小组

在课堂教学过程中，教师可以将全班学生分为若干合作学习小组，3～4人一组。但要注意组内异质，组间同质。每组需既有优等生，又有潜能生。组长可由优等生和潜能生轮流担任。这样做，一方面可使他们彼此学习，互相帮助和督促；另一方面可使他们正人先正己，人人都成为管理者。

2. 调整小组汇报加分标准

在进行小组汇报时，如果让小组内平时不爱发言的学生汇报主要问题，并且正确，那么便为此小组多加1颗星。

3. 限制强势学生发言

在订正错误环节，学生可以自由发言，不用举手直接站起来就可以发言。但在此过程中，如果回答问题多的学生（强势学生）和不经常回答问题的学生同时站起来，那么应让强势学生主动退让，给那些不经常回答问题的学生以发言的机会，或者教师点名让那些不经常回答问题的学生发言。

自从我采取以上策略后，在一次课中，在一个小组汇报时，组长有意安排平时不爱发言的一个学生汇报主要问题，我顺势进行了点评，并因此给他们小组多加了 1 颗星。此后,其他小组也逐渐效仿,所以就给平时不爱发言的学生增加了发言机会。

在小组进行汇报时,如果小组推荐的是平时不爱发言的学生,假如他汇报得好,我就给他加的分值比组长还要多。例如,在同等情况下,如果给组长加 2 颗星,那么就给他加 3 颗星。

4. 评选优秀小组

当整个小组的学生都很专心认真地做功课的时候,教师可以把"明星学生工作中"的告示牌放在他们的桌上。可以用硬纸壳制作工作牌,也可仿造工地告示牌。此做法深受学生喜爱。

除此之外,优秀小组也会在其他方面有一些特权:①在课间休息的时候可最先出去玩;②在做活动的时候,可最先领材料;③在家长会上播放优秀小组组员照片,或者将之发到家长微信群。

(三)全班课堂管理的有效策略

教学实践证明,优秀的班集体可以形成良好的班风和学风,使学生产生一种积极向上、主动学习的心理趋向。这种良性循环可以使课堂教学管理产生高效能。

1. 妙用玻璃瓶

教师可以在讲桌上放一个玻璃瓶。当所有学生都表现良好的时候,如做功课时很安静、听课时很专心、排队有秩序等,教师就可以在班级玻璃瓶里放一定数量的玻璃球。全班学生表现越好,得到的玻璃球就越多;反之,得到的玻璃球就越少。例如,上课铃响后,教师走进教室却发现教室氛围十分混乱。有的交头接耳;有的打斗疯玩;有的看到教师来了,还沉浸在刚才的嬉戏追逐之中;还有的则陶醉在课间休息时的趣谈中。这时,教师可以从玻璃瓶里拿走 1 颗或 2 颗玻璃球。

2. 直观提醒

在玻璃瓶快满的时候,师生可以一起在黑板上倒计时,记录还需要多少颗玻璃球才能装满玻璃瓶。这样可起到一个视觉上的提醒作用。

3. 运用表情图

教师可以在黑板的一角画上脸的表情图,按照当时的情境画上不同的表情。当学生都准备好了的时候,画微笑脸;当学生表现都非常棒的时候,画大笑脸;

当学生很吵、很难管理的时候，画伤心脸。

4. 获得奖励

当玻璃球装满玻璃瓶的时候，教师就可以奖励全班学生了，如给所有人发巧克力豆，或奖励一本记事本等。

三、实施"三级"课堂管理策略的效果

（一）学生的学习习惯、学习兴趣、能力水平、学科素养等有了显著提高

例如，班里有一小部分学生常常抄错题、看错运算符号等，学习习惯不好。在实施"三级"课堂管理策略后，学生学习的积极性提高了，学习习惯等一些非智力因素也有了显著改善。对学生进行的一次调查显示：学习数学感到快乐的学生占 94.4%；感到不快乐的占 5.6%，其原因是感觉数学学习起来难，不喜欢数学。

（二）优化了课堂教学，提高了课堂教学效率

实践证明，"三级"课堂管理策略提高了我班的教学质量。自实施此管理策略以来，我班的教学质量检测成绩在年级中总是名列前茅，这对学生的核心素养的发展具有现实意义和实践运用价值。

"无痕"管理是最理想的状态。"三级"课堂管理体系互相交叉，为构建优质高效课堂，培养学生的核心素养提供了保障。

小学数学三段五步"串式"教学法探究

一、三段五步"串式"教学法的实施要点

三段：第一段是课前备课，把教学资源"串"起来，使教学资源厚起来、活起来；第二段是教学流程分五步走，步步紧密相关，以培养与发展学生的核心素养；第三段是课后布置实践性作业，拓展学习内容，提升学生的学习能力。三段密不可分、段段相串。

（一）课前整合内容，把知识"串"起来

教师应以单元或一册书为一个整体，整合教材内容，运用迁移规律，将知识如葡萄般"串起"；精心设计教学活动，将知识寓于教学活动中，以活动为载体，培养学生的多元能力，不唯教材而教。

1. 优化知识结构，整合教学内容

（1）单元内整合

例如，2013青岛版数学二年级上册第二单元"万以内数的认识"中的信息窗1的编排目的主要是让学生结合具体情境认识千以内的数及千以内数的读写方法；信息窗2的编排目的主要是让学生结合具体情境认识万以内的数及万以内数的读写方法。学生是在学习了100以内数的基础上，进一步学习这部分知识的。这两个信息窗，按照教参的安排，需占4课时。在实际学习过程中，学生在一节课内既要学习读数，又要学习写数，学习起来容易混淆。因此，教师应整合这两个信息窗的信息，把知识串起来，运用迁移规律，用1课时让学生认识万以内数的读法，再用1课时让学生认识万以内数的写法，只用2节课就能完成教学任务，最后用1课时让学生进行综合练习。这样整合教材内容既节约了时间，又培养了学生的能力。

（2）跨单元整合

例如，青岛版数学三年级上册第二单元"两位数乘一位数"的知识点包括：整十数乘一位数的口算（1课时）和两位数乘一位数的不进位笔算（2课时）。第三单元"三位数乘一位数"的知识点包括：整百数乘一位数的口算（1课时）和三位数乘一位数的不进位笔算（2课时）。此时，教师可以把整十数乘一位数和整百数乘一位数的口算整合起来，用1课时完成；把不进位笔算整合起来，用1课时完成；把进位笔算整合起来，用1课时完成。这样，既培养了学生的迁移能力，又节省了课时。

2. 打破学科界限，跨学科整合

数学是一门学科，更是一种文化。将数学与其他学科知识整合起来，可以丰富数学内涵。

数学与语文整合——"柳暗花明又一村"。教师在教授"年月日"时，可利用口诀帮助学生记忆："一三五七八十腊，三十一天永不差，四六九冬三十整，平年二月二十八，闰年二月把一加。"在学生认识"圆"时，教师可引入《墨经》中的"圆，一中同长也"。在学生学习"观察物体"时，教师可引入苏轼的《题西林壁》："横看成岭侧成峰，远近高低各不同。不识庐山真面目，只缘身在此山中。"

数学与其他学科的整合——"千树万树梨花开"。与音乐的整合：让学生在优美的旋律中欣赏美丽的"轴对称图形"。与美术的整合：在学生"认识方向"后，让学生简单画出美丽的校园。与信息技术的整合：在讲"圆柱的表面积"

这节课时，可用课件展示剪圆柱的过程，让学生一目了然。

（二）设计课外实践性作业，拓展"知识串"

改革数学作业的设计与评价。教师不应再布置书面的、形式单调及机械重复计算的作业，而应布置生动活泼、富有个性的作业，激发学生的学习兴趣，发展学生的多元能力。例如，可以根据学习内容布置动手贴一贴的作业；可以在一个单元结束时，布置制作一张手抄报的作业；可以让高年级的学生自己创编数学小故事；可以让中、高年级的学生写数学日记或周记；可以布置调研性作业，让学生搜集信息，使其养成科学的思维习惯。

1. 口算过关，夯实基础（2～3分钟）

通过分析学生的每张试卷不难看出，学生在计算上失分率最高。因此，提升学生的口算能力是大幅度提高教学质量的关键。众所周知，口算是估算、笔算及一切复杂计算的基础。因此，教师应该重视口算，并将时间控制在2～3分钟，以免时间太长影响新课的进行。

在每天的数学课上应坚持进行3分钟的口算练习，按照每课3分钟，每周5节课的模式练习。例如，读算式，说得数；看算式，写得数；听算式，写得数。具体做法：把口算题写在口算卡片上，一次只出示一张，停留1～2秒钟，然后反扣卡片，让学生记忆原题，说出得数或写出得数；或者让学生听教师说算式，写出得数。这样训练了两个月左右，学生的注意力集中了，记忆速度加快了，计算能力也有了明显提高。

2. 创设情境，提出问题（2～3分钟）

教师出示情境图或者创设实际情境，先让学生观察并说出发现的数学信息，然后提出数学问题。教师要注意：一是学生可以按照从上到下的顺序进行观察，也可以按照从左到右的顺序，说出观察到的数学信息；二是在提出问题时，如果有2～3个学生还没提到主要问题，教师应该引导学生提出主要问题，以免浪费过多时间；三是提出主要问题后，应让学生明白本节课要学习的主要内容，也就是本节课的学习目标。

计算教学主要用抽象的数来研究更为抽象的算理和方法，在实际教学活动中，这是教师和学生都感到枯燥的内容。而正确熟练地计算是学生应具备的基本技能之一，是数学中用以解决实际问题的重要工具。在实践中，我慢慢摸索到，让学生在具体的生活情境中、在解决问题的过程中去研究计算，能够使枯燥的计算教学变得生机盎然。

例如，在教圆柱体的表面积的计算方法时，教师可创设一个生活中的情境，在学生生活经验的基础上，让学生提出要解决的问题，使生活问题数学化。

3. 自主互助，解决问题（15分钟左右）

第一，自主探究，独立初探（独学）。让学生独立思考，实践探索，在做中学。

第二，小组交流，合作再探（小展）。当学生自己独立完成任务后，由小组长组织本小组内的成员说一说自己是怎样想的、怎样算的，每个人必须发言，小组内一个学生说，其余的同学必须认真倾听，以便补充或修改，最后讨论得出小组的见解，由小组长分配每人汇报的任务。

第三，全班展示，达成共识（大展）。在进行小组汇报时，小组内的每一个成员都要发言，才能给本小组加星，否则不加星。这样就给小组内的每位成员提供了表达交流的机会。一个小组的学生汇报时，其他小组的同学必须认真倾听，待该小组汇报完后，其他小组的同学不用举手，可立即站起来评价这一小组的发言或进行修改与补充。如果出现争议，学生可以再进行第二次合作；如果再解决不了，这时教师就要给予指导、点拨。

例如，在教圆柱的表面积的计算方法时，教师可先让某一个小组的学生1人到黑板前操作，1人解说，另外2人辅助、修改、补充，从而完成汇报交流。

第四，归纳释疑，构建模型。教师应发挥主导作用，进行精讲点拨。例如，在讲圆柱的表面积的计算方法时，教师可向学生提问："把一个圆柱体分成三部分后，什么变了？什么没变？这三部分分别转化成了我们前面学过的什么图形？分别怎么计算？"

4. 反思梳理，归纳提升（4分钟左右）

教师要注重对学生进行方法的引导，引导学生对学到的内容进行梳理、反思，归纳提升。

例如，在学生合作互助，求出圆柱体的表面积后，教师可以提出这样的问题："刚才我们是怎样求圆柱体的表面积的？用什么方法得到的？"

这个问题看似简单，却能使学生在教师的提示下进行梳理、反思、推导、归纳，提升学生的数学能力。

5. 科学练习，评价延伸（15分钟左右）

第一，按照"基本练习→发展练习→思考练习"的程序进行练习。基本练习指的是全体学生应知应会的练习题目，难度较小。发展练习指在基本练习题目的基础上适当加大难度，进行变式，以让学生对本质属性的内容更加清楚。该层次的练习有一定的难度。思考练习需要学生综合运用所学的数学知识。该层次的练习难度比较大，所以数量不宜多。每一层次的练习都要体现出应用性。

第二，达标检测。待结束本节课的层次性练习后，教师应拿出至少5分钟的时间进行当堂达标检测。待学生做完后，教师可以让小组或者同桌互批，当堂反馈达标情况，以做到心中有数。

例如，求圆柱体的表面积的达标检测试题如下所示。

1. 图中哪些是半径？哪些是直径？哪些不是，为什么？

2. 判断。

（1）在同一个圆内只能画100条直径。（　　）

（2）所有的圆的直径都相等。（　　）

（3）等圆的半径都相等。（　　）

（4）两端都在圆上的线段叫作直径。（　　）

3. 口答，填表。

半径（米）	0.24		1.42
直径（米）		0.86	

4. 联系生活，解决问题。

（1）平静的水面投进石子，荡起的波纹为什么是一个个圆形？

（2）车轮为什么被设计成圆形？

二、三段五步"串式"教学法实施取得的成果

（一）学生方面

1. 学生的兴趣、数学素养有了显著提高

通过实施本教学法，学生的学习兴趣、积极性有所提高，一些非智力因素也有了显著改善。对学生进行的一次调查结果显示：感到学习数学是快乐的学生占94.4%；不快乐的占5.6%，其原因是感觉数学学习起来难，不喜欢数学。

2. 学生的计算能力显著提高

2015年11月24日，我对一年级二班实验班和一年级一班对照班进行了口算测验，时间是5分钟，有84道100以内的加减法口算题，计时不计量。经测验发现，实验班平均成绩明显高于对照班，说明本教学法的实施使实验班学生的计算能力得到大幅度提升。

（二）课堂方面

优化了课堂教学，提高了课堂教学效率。自实施三段五步"串式"教学法以来，课堂教学模式转变为，学生"自主探究"在先，师生"归纳讲解"在后，变"教"为"学"，变"学会"为"会学"，变"被动接受"为"自主探索"。实践证明，自使用本教学法以来，我班的教学质量检测成绩在年级中名列前茅。

（三）教学资源方面

①探索出了学生多元能力的评价标准。
②整理了部分教学资源，即课件、测试题库等。

三、下一步工作重点

①共享题库。
②推广该教学法，让更多的一线教师参与进来，使课堂优质高效，借助课题研究，尽快提升教师的专业能力。

第四节 实验后发生的可喜变化

自开展"多元能力的发展与评价"实验以来，我校教师一改原来陈旧而缺乏活力的课堂教学方式。在课堂上，做到面向全体学生，关注每一位学生的发展。不仅如此，我的观念也在改变，向学生提供了有价值的学习内容，使学生积极参与观察、讨论、猜想、验证活动。

一、教师的观念发生变化

在课堂教学过程中，教师"唱独角戏"的现象少了，与学生交流、沟通、合作和互动的现象明显多了。在教学内容上，教师选择以教材为轴线、以活动为纽带、与现实生活紧密联系的多元化教学内容，在理解教材的基础上进行"思维"加工，构想出一种处理教材的方案。课前，教师必须通读本学科的课程标准，以清楚课程设计的思路，做好教学内容的转化，将教师教学和学生学习的心理指向、活动指南和操作依据转化为教学目标；将教材特点、学生实际和教师的策划统一起来，进行课程开发，依据学生的心理需求，将教材内容与现实生活紧密联系起来，悉心进行课程内容的加工、调整、组合、补充、改编……例如，在教一年级上册"比多少"时，我没有就题讲题，而是创设了这样的情境：动物王国里的小兔子要盖新房子了,其他小动物很热心,纷纷赶来帮它盖房子,希望帮它盖的房子又坚固又漂亮。你们瞧,它们做得多起劲啊!从中你看到了什么?比一比,看谁知道得最多。通过创设这样一个富有童趣的情境,将学生的兴趣调动了起来,同时也促使学生做到"知无不言,言无不尽"。

二、教师的角色发生变化

教师已成为学生最真诚的合作者、最谦虚的倾听者,也是最具慧眼的伯乐。教师的角色开始由传授者向促进者悄然转变,由管理者向引导者转变。教师教学由以往的单兵作战向紧密合作过渡;由画地为牢向资源共享过渡;由囿于教材向开发课程资源过渡。教师所采用的教学方法开始呈现多样化趋势。教师不再拒绝一个问题的多种解法,也不再拒绝超乎寻常的奇思妙想。多样化的教学方法使学生对学习产生了浓厚的兴趣。在课堂上,教与学的活动在师生的互动合作中变得生动有趣,凝聚了集体的智慧,激发了学生的思维潜能,提高了学习的效率。教师与学生的合作学习,是一种启发、一种帮助,也是一种人文关怀,它营造了民主的课堂气氛。教师用微笑安抚学生回答问题时的紧张情绪,用竖起的拇指赞扬学生的点滴进步。在课堂上,教师可以提问学生,学生当然也可以考一考教师,师生共同研究探索,共同读书学习。例如,在"角的认识"一课上,一开始,教师把教材中的主题图设计为有一定故事情节的动画课件;在学生认识角的过程中把"分类"环节改为"探宝游戏"环节,整堂课的设计都将教师角色定位在学生学习的设计者和组织者上。师生之间完全是一种朋友式、伙伴式的合作关系,课堂气氛和谐、宽松。"现在老师和同学们一起做游戏好吗?""咱们就按这两个同学说的方法试试……"教师温馨的话语,以及宽松的教学环境、自由的学习状态给学生的心灵带来莫大的安慰和鼓励。

三、师生关系更加融洽

课题实验课程的开展,首先,教师结合新课程的理念,用心整合教材,精心设计以学生说为主的教学方法,设计好抛给不同层次学生回答的问题,营造使学生肯说、敢说、爱说、抢着说的课堂气氛。其次,教师努力改革课堂教学模式,使学生有充分表达自己意见的机会。最后,教师时时注意课堂教学中的民主性,使课堂教学在和谐、平等的氛围中进行,让学生在教师充满鼓励的目光中发表自己的意见,哪怕是不恰当的甚至是错误的意见;在学习的过程中给学生提供表达、交流的机会;鼓励学生表达自己的观点,使其善于倾听别人的见解,勇于评价同伴的结论。例如,在教除法的两种分法时,在以前的课堂上,教师会指一两名学生用自己的话说说就行了，而在实施多元能力评价后，教师会让学生反复观察，鼓励学生一获取到信息就勇敢地表达出来。结果学生反应非常强烈，他们的口头表达能力明显提高了。又如，在课堂上，教师会经常编排一些小游戏，如拍手、找朋友、贴鼻子等，学生在游戏中学知识，加深了学生的记忆。在这样民主、快乐的氛围中，师生相处更加融洽。教师通过精心设计，激发学生的学习兴趣，促使学习与生活实践相联系，从而使学生很自然地进入学习状态，大大激发了他们主动探索新知的欲望。

四、教师的教学水平逐步提高

小学数学"多元能力的发展与评价"实验给了学生更多的自由接触数学的空间，也给教师提出了更高的要求。在与学生交往的过程中，教师会遇到来自学生的难以预料的难题。那么，教师如何满足学生的求知欲望？如何在学生中树立威信？激发学生的听课兴趣，拓展与教材内容有关的课外资源，在上课时来个小小的插曲，不但可以调节课堂气氛，丰富学生的知识，更能吸引学生的注意力。随着实验的不断推进，在课堂教学设计、课外活动实施等方面，教师表现出教学能力越来越强、教学思路越来越清晰、教学视野越来越宽广，专业能力也在逐渐提高。

五、课堂不再沉默

自从我在课堂上实施小组内的成员互相评价以及在班内对各小组进行评价的措施后，课堂上发生了可喜的变化。因为我现在教的是只上了三个多月课的一年级学生，以往课堂上许多学生不发表自己的意见。在小组交流时，只有个别学生发言，一小部分学生也不会倾听别人的发言。如今课堂上你问我答、你问我释疑的现象频频出现，而且学生已经学会倾听别人的发言。请看下面一个例子。

某天，我上了一节试题讲评课。当时试卷上有几道填空题，是课本上没有出现过的题目，如（　　）- 5 = 8，16 - （　　）= 7。大部分学生都做对了这些填空题，但还有一部分学生不会做，于是我便让学生以小组为单位讨论这些题该怎样做，以后遇到这样的题又该怎样去想。之所以设计这一教学环节，是想要培养学生的多种能力，如语言表达能力、抽象概括能力等。

在学生讨论时，我走到学生中间，发现大部分小组的确在认真讨论。讨论完后，小组进行汇报。

师：哪个小组愿意把你们小组讨论的解决方法向大家介绍一下？

谭××：我们小组是这样做 16 - （ ） = 7 的，想 16 - 7 = 9，所以（ ）里填 9。

李××：为什么要想 16 - 7，想 7 加几等于 16 不行吗？算加法还好算。

谭××：你怎么知道 7 加几等于 16？只告诉了我们 16 和 7 这两个数。

（全班学生暂时沉默了，他们开始思考了起来）

师：请同学们认真听一听，他们两个分别说了两种不同的思考方法，这两种方法都可以。

程××：既然两种方法都行，我想问问李××，哪一种方法更简便呢？

李××：我认为还是谭××他们小组的方法比较简便。因为 16 和 7 已经知道了，用 16 减去 7 就可以。

程××：我知道了。

刘××：老师，我还有一种方法，想 16 可以分成 7 和几就行了。

（因学生没有再发言的，暂时沉默）

师：请同学们想一想，他这种方法和哪一种方法相似？

杨××：和算 16 - 7 等于几相似。

师：能说说理由吗？

杨××：16 可以分成 7 和几，实际上就是 16 减去 7，还剩几。

李××：他说得对。

师：刚才我们已经会想 16 - （ ） = 7，也就是想 16 - 7 等于几。

教师对小组进行评价：谭××小组和李××小组分别用不同的方法说明了怎样解决 16 - （ ） = 7 这道题，分别给他们小组加 2 颗星，程××、刘××和杨××小组因为补充和善于提出有价值的问题，分别给他们小组加 1 颗星。

师：如果以后遇到这样的题，应该怎么想？能不能找出做这类题的规律？先自己想一想，再小组交流。

小组讨论后，做了如下汇报。

周××：我们小组是这样想的，16 是被减数，7 是差，求的是减数，用被减数减差就等于减数。

程××：对，我们小组也是用被减数减差等于减数的方法计算的。

师：是不是所有的求减数的题，都可以用被减数减差呢？怎样来验证一下？

周××：再举一个其他的例子算一算就可以了。

李××：10 - （ ） = 3，想 10 减 3 等于 7，所以（ ）里填 7。

119

周××：对，其他这样的例子也可以这样算。

师：既然这样，求减数可以怎样求？

周××：用被减数减差等于减数。

师：你们太棒了！不仅能概括出求减数的方法，而且会用举例子的方法来验证，太了不起了！给周××组加2颗星，李××组想出用10-（　　）=3来验证，给他们小组加1颗星。

就这样，原本沉默的课堂气氛逐渐被打破，一部分学生开始开口讲话，并积极思考。相信在不久的将来，全班同学都会在课堂上畅所欲言，勇敢地发表自己的见解。

六、优等生变得更优秀

例如，李××是我班的一位优秀学生。在进行此项实验之前，他平时在课堂上表现活跃，发言积极，但有时语言表达不够有条理，计算与解决问题是他的强项；课后会认真完成作业；每次测试都得高分。进行实验时，我有意识地在班上引导学生有条理地表达自己的观点，提出有价值的数学问题等。经过坚持不懈的训练，李××的语言表达很快有了条理性，他每节课提出的问题几乎都很有价值。随着实验的深入，我开始尝试改变课外作业的内容和形式，将作业的内容由单调的一元变成多元，设计出丰富的作业形式，有制作手抄报、制作粘贴画、写数学日记或周记、创编数学小故事等。可是，在一开始布置这样的作业时，学生比较感兴趣，但是完成的质量不是很高。而李××同学制作的手抄报或粘贴画的质量，远远不如平时学习成绩一般的同学。做这样的作业，他只能得到"B级"。李××逐渐意识到，数学能力不只是计算与解决问题的能力等，学习数学所体现出来的能力应该是多方面的。努力了一段时间后，他的课外作业的质量渐渐得到了提高。现在，他制作的手抄报及粘贴画的质量很好，已经达到了"A级"。

通过实验可以明显地看出，实验前，优等生的多元能力也并不是齐头并进的，而"小学数学多元能力的发展与评价"实验可以使教师发现优生的弱项能力，从而使其逐步提高，使其强项的能力更强，弱项的能力也得到发展，并逐步发展成强项，优等生的多元能力得到了更加全面的发展。

七、学生的思维能力得到发展

例如，李××是一名纪律性较差、比较懒惰、日常行为习惯欠佳的学生。他学习目的不明确，缺乏兴趣，求知欲不强，听课注意力不集中，不能认真做作业，三天两头不交作业，同时，缺乏学习进取心，比较随意，比较贪玩。我仔细分析了一下这名学生的特点：在自身内在因素方面，其思维比较灵活，接受能力也不弱，但学习态度不端正，对学习不感兴趣，基础较差，怕苦畏难，缺乏进取心，贪玩且难以自控，行为习惯差，在课堂上从来不回答问题，不跟同学交流。

在实验开展初期，我制定了培养学生语言表达能力的策略。其一，营造民主和谐的交流氛围，激发学生与他人交流的兴趣。这是培养学生语言表达能力的基础。交流是数学课堂不可缺少的要素。如果有一个良好的交流氛围，学生就能在环境的熏陶下掌握知识、发展智力，进而促进创新能力的提高；如果没有交流，课堂就缺少生机，从而导致学生思维的发展停滞。随着年级的升高，爱发言的学生会越来越少。怕出错、顾面子的心理，是学生交流难以逾越的障碍。因此，教师应为学生创造轻松愉快的学习环境，给学生搭建自由交流的平台，使孩子们乐学、渴学、会学、敢说、会说。首先，教师要放下架子，以朋友的心态对待学生；其次，教师要改变观念，留足让学生发言的时间；最后，教师提问时要尽量用"你知道这是为什么吗？""你来讲一讲好吗？""我们共同来探究好吗？"等协商、诱导的语气，使课堂氛围变得民主、和谐，让学生在思想上放轻松，愿意提出问题和发表意见。其二，加强具体数学语言的训练是培养学生语言表达能力的关键所在。数学是一门严谨的学科，数学语言往往是抽象的。而小学阶段的学生，生活经验和词汇储备并不多，特别是低年级的学生难以用抽象的语言表述，尤其是一些思路紊乱的学生更容易出错。这时，若要让学生学会运用抽象的数学语言，那么必须引导学生经历具体数学语言的教学和训练过程。在具体语言阶段发展学生的数学语言表达能力时，结合具体的题目是非常重要的。其实，讲解具体的题目，不仅可以展现学生整个思考的过程，而且可以让学生在形象中提炼抽象，起到以点带面的作用，更能够在不知不觉中培养学生的数学语言表达能力，从而让学生进行语言的提炼及归纳总结。其三，注重动手操作是培养学生语言表达能力的主要环节。数学语言是一种特殊的语言，它要求用词精确、简练，具有逻辑性强的特征。而操作是学生动手和动脑的协同活动，是培养和发展学生思维的有效手段。语言是思维的外化，是思维的物质形式。知识的内化与相应的智力活动都必须伴随着语言表述的过程而得以实现。因此，教师在教学过程中要重视学生的动手操作能力，在指导学生动手操作时，注意多让学生用数学语言有条理地叙述操作过程，表述获取知识的思维过程，把动手操作、动脑理解、动口表达有机地结合起来，从而使学生的感知有效地转化为内部的智力活动，达到使学生深化理解知识的目的。其四，合作交流是培养学生语言表达能力的重要环节。数学离不开语言，正因为"数学语言是思维的体现"，所以它在提高人的思维能力方面有着独特的作用。教师在课堂上应让学生采取多种方式表达数学思维的过程和结果，激励他们各抒己见，相互补充、相互纠正，促使全体学生积极向上，使学生的数学语言表达能力得到进一步提高。

在小组交流方面，我让小组长调控，每一个人都要发言。在小组汇报完毕后，对于交流表达得好的小组，我会在教室前面的加分栏内为其加上1颗星。这大大激发了小组长的工作热情，也激励了不爱说话的学生勇敢发言。变化比较明显的就是李××，由于他本来思维就比较活跃，参加小组活动后，每次又能受到小组长和老师的表扬，所以，他的学习积极性显著提高，他从不发言到被动参与小组发言，再到现在的主动举手发言，变化比较大。

黄××，数学成绩一般，其他各项能力还可以，就是计算能力较弱，不是抄错数就是看错运算符号，甚至有时候做不对很简单的题目。在一次考试中，他得了"良"。我仔细分析了他的试卷，发现计算题是他的弱项，而对于应用题都分析对了，计算结束却错了，非常可惜。班里像他这样的学生也有，吃亏吃在计算上。针对学生的这种情况，结合正在开展的多元能力发展与评价实验，我采取了一些提高学生计算能力的措施。一是重视基本口算的训练，坚持经常训练，每堂数学课拿出5分钟的时间训练口算。二是利用学生"好动""好胜"的身心特点，设计一些有关数学计算题的游戏或者比赛，激发学生的学习兴趣，促使每个学生都积极参与。三是采用"计算全对免做题"的措施：连续三天计算全对者，可免做三天计算题，以此来激发学生的兴趣，提高学生计算的正确率。四是通过用卡片、小黑板来视算、听算、限时口算、自编计算题等方式进行训练。五是培养学生的估算能力，在形式上、内容上做到灵活新颖，加强对学生计算能力的培养。

通过实施这些措施，学生做计算题的积极性提高了，出错率也降低了。特别是黄××同学，由于家长在家也积极配合教师的工作，所以其计算能力提高得特别快。

王×是一名刻苦认真、好学上进的学生，爱好广泛，成绩一直比较优异。但我在课堂上却从来见不到他活跃的身影。他只是埋头用功，完全沉浸在自己的世界里，真是"两耳不闻窗外事，一心只读圣贤书"。自从开展多元能力发展与评价实验活动以来，我将每次的评价结果都展示在评价手册或争章栏上，在同学、家长和教师的鼓励和鞭策下，学生的斗志被激发了出来，有了近期目标，有了努力的方向，班内出现了比、赶、超的良好现象。在大家的互相影响下，他是变化最明显的一个。课堂上，第一个举手的总是他，跟同学争得面红耳赤的还是他，用他自己的话就是"我上课说话多了"。他以前的动手能力比较弱，即使做个小手工都不好意思拿出来示人。在开展多元能力发展与评价实验活动后，每学完一个单元，学生都要进行全面复习整理，动手做一张手抄报。对于每一张手抄报，我都会做出全面的评价，表扬优点，指出不足，提出整改措施。在一次次的改进中，他因为善于总结、取长补短，进步非常明显。现在不论是在版面设计的美观性上，还是在内容的全面性上，他都有了很大的进步。在每次的评价活动中，他的手抄报也经常被当作评价范例。

郭×是一名品学兼优的学生，擅长画画、吹葫芦丝。班里每次更换黑板报时，都少不了她的身影。她帮同学出点子、画边框、找材料，忙得不亦乐乎。对于班内的好多事情，我都可以放心地交给她去做。但谈起学习，我是喜忧参半的，因为她算是班里的"小马虎"。虽说她在学习上比较轻松，接受能力也很强，但她最大的缺点就是"眼高手低"，对于什么问题，都是一点就透，一看就明白，即使再难的问题，她的小脑袋瓜一转，也不在话下。她是同学们最崇拜的解题高手。有这样的好脑袋瓜，考个满分才对呀！可遗憾的事情经常发生。我经常跟她开玩笑："你是宁考九十九分，也不愿考一百分吧？"她总是羞得无地自容，她说："我就是得数算错了，唉，太粗心了！"而自从开展多元能力发展与评价实验活动以来，学生每次计算测试的成绩都要在评价手册上做记录，针对每次计算能力测试要进行自评、互评、教师评价、家长评价。极要强的她可沉不住气了，暗暗地憋足劲儿。其错题数量逐次减少，计算能力大幅度提高。就在前段时间的摸底检测中，她数学竟考了个满分，就连平时的第一名也没考过她。这次，她总算是扬眉吐气了，跑到我面前问："老师，这次我的表现怎么样？"

教师应让学生学会欣赏、学会倾听、学会赞美、学会质疑。当一名学生在回答问题时，教师应让其他同学不要举手，不要打断他的发言。只有当他阐述完自己的观点后，其他同学才可以质疑。现在学生基本上能做到这一点，甚至在听到精彩的发言时，学生会不由自主地鼓掌。记得有一次，李××同学在讲口算 60×20 时说先用 $60 \times 2 = 120$，然后 $120 \times 10 = 1200$，等他说完后，班里学习不太好的一名学生提出了这样一个问题：10从哪里来的？这位对学习极不感兴趣的学生竟然说出了自己的疑问，说明这位学生也被数学学习的氛围感染了。当时，我及时给了这位同学热烈的掌声，同学们也跟着鼓起掌来。这位同学现在上课很活跃、很积极，数学成绩也有了很大提升。还有一次，一位学生举手想回答问题，但在让他回答时，他却什么也不会说了，这时其他同学想帮他说，我用眼神制止了他们，鼓励他说："不要紧张，老师相信你能行！"结果他还真答了出来。

鲍××同学最近非常难过，因为他的数学成绩很不理想，这一次的单元测验成绩又是"C"，所以，他有些伤心，甚至对数学失去了学习的信心。我看在眼里，急在心上。

我思虑再三，想用激励性评价让他重新树立学习数学的信心。我充分利用批改作业的机会，从他的表现中寻找一点一滴的进步，写一些中肯的评语。有一次我问了他一个较简单的问题，他回答得很好，我就在他的课堂作业本上写下了这样的话："今天你在课堂上的表现很出色！"并且给他画了一个大大的"★"。第二天，我特别留意了他拿到作业本时的表情。他显然有些吃惊，不相信似的抬头看了看我，我微笑着向他点了点头，表示理解他。这节课他听得很投入，我感到自己的小策略奏效了。在接下来的每一节课中，我都特别关注他的一举一动。有时他写作业很粗心，往往写对竖式了，偏偏又在横式后面写错了得数，于是，我在他的课堂作业本上写道："老师相信只要你肯努力，你一定能改掉粗心的习惯，也一定会取得优异的成绩！"这一次尽管他学习很努力，但他在单元考试时数学成绩仍然不理想，于是我在他的试卷上写道："偶尔出错不算什么，你可千万不要灰心哦！"我深知帮助一个孩子重新树立学习数学的信心绝非朝夕之功，所以不管自己多么忙，在每一节课我都会特别关注他，经常在他的作业本上写道："用心学习，你会发现数学知识的魅力！"等评语。我发现每天发作业本时，他总是急于去看作业的末尾，因为他想知道老师今天会送给他什么样的评语。

接下来，他在学习上不断进步。课后他主动完成作业，让自己真正成为学习的主人。有一天，他学完长方形的知识后，竟然算出了家里客厅的面积，得到了爸爸的赞扬。爸爸的赞扬让他信心十足。现在他发现学习数学是一件有意思的事情，他越来越喜欢上数学课了。就这样过了一段时间，他又迎来了一次单元测验。当试卷发下来以后，他发现成绩是"A"。这一次的数学成绩一下子让这个十岁的小男孩明白了：只要做一个有心人，就一定可以成功。

当然，教育学生的确不是一个短期行为，这需要教师有足够的耐心与爱心，只要教师不放弃每一个学生，那他们一定会长成参天大树。

小学数学多元评价方法得到应用与推广

新的课程改革纲要指出,要建立促进学生全面发展的评价体系。教师不仅要关注学生的学业成绩,而且要发现和发展学生多方面的潜能,了解学生发展中的需求,帮助学生认识自我、建立自信。教师应发挥教学评价的激励功能,促进学生在原有水平上的提升。

传统的小学学习评价存在多方面的问题。一是评价目标狭窄。传统的评价只以学科知识和技能为主,在教学中忽视学生多元能力的培养与发展。二是评价内容片面。只注重对学习结果的评价,忽视学生的学习过程。三是评价方式单一。只采取笔试,忽视动手操作、语言表达等形式的评价。四是评价主体固定。单一地由教师评价学生,没有从多方面、多角度评价学生,往往以偏概全,扼杀学生的个性。

针对以上问题,结合山东省十一五课题"小学数学多元能力发展与评价",我校的一些教师以三年级二班与四年级五班为对象进行了该课题的实施研究,经过不懈的努力,取得了一定的成果。该成果在全区教育界引起了强烈反响,并得到了进一步的应用。

一、有效的课堂评价机制为学生能力的提高奠定坚实基础

课堂最能体现学生学的情况和教师教的情况。通过课堂评价,我们能及时了解学生学习的情况,从而做出积极反馈。对于正确的,给予鼓励和强化;对于错误的,给予指导和矫正。在课堂实践中,我校的一些教师又不断修改调整,逐渐探索出多种课堂评价方法。

(一)大组套小组

把整个班分为四个大组(红、黄、蓝、绿四队),在这四个大组下各设四个小组,共十六个小组(红队一组、红队二组、红队三组、红队四组,黄队一组、黄队二组、黄队三组、黄队四组,蓝队一组、蓝队二组、蓝队三组、蓝队四组,绿队一组、绿队二组、绿队三组、绿队四组),并对每个小组的成员进行编号。

教师将评价表画在黑板上,一节课一总结,对每个组在课堂的各项活动中的表现进行评价。

每个大组各有一个"攀登塔"。每节课都有一个大组胜出,教师在胜出的大组的"攀登塔"上画一个笑脸。将这些笑脸累积起来,第一个走到最高点的大组就是全班的冠军队,教师要给予其相应的奖励。对于每个小组的表现,则

有相应的"小组评价表"。教师让小组组长根据教师和其他学生的评价及时加星、减星，做好记录，一周一汇总，一周一公布。

（二）星级评价

在班级实行星级评价，可以参照中央电视台《星光大道》栏目的做法，将课堂上的评价指标制成"课堂明星表"，根据学生在课堂上的得星情况，评选出周冠军、月冠军和学期冠军。获得冠军的学生就有机会出现在"星光大道"上，从而有机会参加更高级别的评选。

只要学生有一项表现得好，就给学生加 2 颗星。只要学生获得 30 颗星，教师就将 1 张非常漂亮的粘贴画贴在"贴星驿站"里。最后，教师根据学生得到的粘贴画数量进行总结，并将其作为评选"三好学生"的条件之一。此种评价方法的效果非常好，能够促使学生养成良好的学习习惯。

另外，还有"积分量化评价""比一比，谁最棒！""展示台""我是小明星"等评价方式。虽然我校几位教师的评价方法各不相同，但是都采用了小组捆绑制评价，都将学生在课堂上的表现作为评价指标，都有力地促进了学生良好学习习惯的养成，提高了学生参与课堂活动的积极性。

二、多元化的作业评价机制促进学生多元能力的发展

心理学研究表明，学生获得表扬或奖励的次数越多，其行为活动的再发率就越高。及时有度地进行激励性评价，能有效地引起师生的情感共鸣。

①低年级和中年级学生易为形象具体的事物所吸引，根据这一特点，我们在批改作业时，可多采用画小红花、小红旗、五角星、大拇指等图案的形式进行评价，这样可激发学生的学习兴趣。

②高年级学生对这些图案的兴趣相对较小，我们大多采用分等级加写激励性评语加画笑脸的评价方法。如果累计获得几个优或者几个笑脸，就可以换取一张小喜报。至于具体的操作方法，各个教师有所不同。这样做的目的是激发学生的学习动力，使其体验成功的快乐。

这两种不同的评价，既形象又简明，学生一看就能明白，可以让学生不断发现自己的不足之处，在不断改进的同时提高作业质量，从而促进多元能力的发展。

经过一段时间的教学实践，"图案"评价在低年级的优势得到初步体现，其中最明显的是在学生学习的兴趣和积极性上，不但培养了学生认真完成作业的习惯，而且提高了学生完成作业的质量。

三、多元能力测评机制培养学生的综合能力

多元能力测评主要包括学科综合能力测评和学科分项能力测评。

科学合理的能力测评能对教学起到反馈、调节、评价、促进的作用。一些教师通过积极的探索与实践，从测评内容、测评形式、测评方法等方面逐渐建立起具有我校特色的多元能力测评机制。

（一）学科综合能力测评

学科综合能力测评主要以单元测评和期末测评为主，我们采用了分等级加写评语的形式。

1. 分等级

对学生的学业成绩进行等级评价，评价结果分为优秀、良好、及格、待及格四个等级。

2. 写评语

一则好的评语是教师送给学生的一份特殊的、珍贵的礼物，能沟通师生之间的感情，能拉近教师与学生之间的心理距离，对学生起到很好的激励作用，能使教师的形象树立于学生心中，并对学生的成长产生深刻的影响。一则好的评语，虽然字数不宜过多，但也不能只有一言半语。教师不能应付差事，更不应该主观臆断，胡乱评价。教师要确信，学生再差，也有其闪光点。这样一来，后进生也能有自豪感，学习的热情也会因此而高涨。教师应把学生放在同等的地位上，要成为学生的益友。这样，教师的建议才易于被接受，教学效果才会比较理想。

（1）针对错题适当点评

各种各样的原因使得每个学生的出错之处不一样。针对每个学生的特点，教师应在试卷旁边的空白处适当地加上一些自己的分析，让学生更加清楚地知道出错的原因，以便今后不再出现同类错误。这比教师在课堂上面向全体学生分析的效果更好、针对性更强，而且学生对教师写下的评价很在乎、印象深刻，在以后的作业中也就会十分注意。

（2）对试卷进行整体评价

对于学生的每一次试卷成绩，我们都将其与学生之前的成绩做一个比较，然后对这个学生进行一次比较完整全面的评价。例如，当一个学生学习进步时，我们应这样评价：×××同学，祝贺你学习取得了进步，向成功又迈进了一步，再接再厉！当看到学生书写得特别认真时，我们应这样评价：多漂亮的字啊，

看你的试卷简直是一种享受！新课标要求教师的评价以激励为主，短短的几句话将给学生无穷的力量。

我们除对学生的学业成绩进行评价外，还应对学生的非智力因素进行评价，有力地保护学生的自尊心，激发学生的学习动力，让每个学生都体会到学习的快乐。

（二）学科分项能力测评

数学学科能力包括口算、运算、获取和分析信息的能力，数学化的能力，实验、操作的能力，数学表达、交流的能力，推理、论证的能力，解决问题的能力，空间想象的能力等。

按照课程标准的要求，结合这些能力指标，我们进行了学科分项能力测评。我们组织了"百题大赛""谁的手巧""我是设计大王"等活动培养学生的数学能力。对于每项评选活动，我们都公平公正地评出一、二、三等奖，并进行奖励（奖励形式主要有发放证书、给班级和家长发放喜报）。学生取得的所有成绩都将成为评选三好学生和优秀队员的依据。

学科分项能力测评能够比较具体全面地反映出学生每门学科的学习情况，比较明确地显示出一个学生在某项内容学习方面存在的优势和不足。特别是对于小学生来说，他们对自己的学习情况缺乏必要的诊断能力，不能正确分析自己的优势和不足，在学习成绩不理想时往往找不到原因，不能明确努力方向。学科分项能力测评较好地起到了以优促弱的作用。学科分项能力测评的形式灵活多样，可以随堂进行，也可以每学期一测，与学科教学紧密结合，操作方便。

四、评价主体多元化促进学生更全面地认识自己

评价的主体是谁？谁可以对学生的发展做出评价？以往通常是教师写"操行评语"，然后由家长写一份"家长意见"。这样的评价往往是终结性评价，是定性评价。

我们在进行评价改革的时候，在原有的教师评价与家长评价的基础上，进一步引入了自我评价和伙伴评价这些有益有效的评价方式。

自我评价就是在小组伙伴评价的基础上，让被评价人结合自己的实际情况进行反思评价。小组成员作为监督者，能使自我评价真实、有效，有利于学生扬长避短。

伙伴评价就是由学生所在小组中的同学进行阶段评价。评价的步骤是先进行小组讨论，然后综合组内同学的意见，给组内被评价的同学画星星。伙伴对

自己的了解远远胜于教师的成人化的眼光，所以伙伴的评价意见也最容易让学生接受。伙伴评价的实施，使学生重视了与同学的合作与交流，促进了班风、学风的建设与优化。

这样，评价的主体就变为自己、伙伴、教师和家长，真正实现了评价主体的多元化。

多主体的评价方法使学生能够从不同的角度认识自己，同时，也为教师和家长搭建了一条沟通的桥梁，有利于教育教学的开展。

（一）自我评价

小学生自我意识薄弱，还不能全面地进行自我评价，但可以适时地进行自我评价的实践，例如，对照自己的努力目标比较自己达到的水平和程度，在教师的指导下用形象标识对自己一段时间的学习过程和结果做出判断。学生进行自我评价时使用的学生学习活动评价表如表2-8所示。

表2-8 学生学习活动评价表

学生姓名：

评价内容	星际分类		
	☆☆☆☆☆	☆☆☆☆	☆☆☆
自觉预习			
专心听讲			
能提出合理、可行的问题解决方案			
积极思考			
积极查找相关学习资源			
上课踊跃发言			

我们还设计了"我的成长足迹"评价表（见表2-9），记录学生成长的每一步。

表2-9 "我的成长足迹"评价表

学生姓名： 年 月 日

项目	口算	问题解决	作业完成	操作实践	探索创新
获得标志					
留言板	老师的话：				
	家长的话：				
	我的体会：				

针对表2-9中的每一个项目，教师可以用不同颜色的"☆"代表学生在每次活动中的表现。例如，在口算一项中，红色"☆"代表写得又快又对，蓝色"☆"代表会做但是速度有待提高，黄色"☆"代表口算准确率有待提高；在问题解决一项中，如果学生能够准确地解决数学问题，教师可以奖励其一个红色"☆"，对于解决问题能力还有待提高的学生，教师可以奖励其一颗蓝色"☆"。在"留言板"中，"老师的话"和"家长的话"两栏的主要作用是促进教师和家长就一段时间内学生在学校、家庭中的表现进行交流，让家长了解孩子在学校的成长过程，同时看到孩子在成长过程中有哪些不足的地方，让家长帮助孩子更好地发展。"我的体会"一栏主要引导学生对自己这段时间的各方面表现进行反思、总结，从而使学生更加健康快乐地成长。

（二）伙伴评价

伙伴评价是通过小组互评、全班互评等方式，促进学生人人参与，从而调动其学习积极性、提高其学习效率的一种方法。学生互评的关键在于学生形成集体的标准，并且将之内化为对自身有良好作用的批评和自我批评的态度，使学生在相互评价、自我比较中获得自主发展。

（三）教师评价

教师评价指用激励性的语言或描述性的语言对学生在学习活动中的表现、知识掌握的情况和能力水平进行表述，侧重于评价学生发展性领域的表现。教师在教学过程中，应根据不同的教学评价对象，采用不同的评价方式。对基础差的学生，评价应重在鼓励；对基础好的学生，评价应重在激励。

在"老师夸"的评价方式中，教师应力戒牵强和形式主义，通过活动中口头的即时评价来规范、引导学生的学习与活动行为，避免评价行为与学习活动引起彼此游离的"两层皮"现象。

在评价过程中，教师应把眼光更多地放在学生的起步、差异以及动态发展上。对于学困生，哪怕是微小的进步，教师也应给予其肯定和鼓励；对于表现突出的学生，只要他们迸发出创新的火花，教师就应给予其肯定。

（四）家长评价

我校的教师都定期或不定期地把一段时间内学生的在校情况及时反馈给家长，使家长及时了解孩子的表现，并及时调整自己对孩子的教育方式。同时，教师会让家长把孩子在家的表现反馈回来，通过家长的反馈，教师也能更全面地了解学生在家的情况，及时调整自己的教学思路。

表 2-10 包含自我评价、伙伴评价与家长评价几部分，体现了评价主体的多元化。

表 2-10　学生周表现评价表

姓名		班级		周次	
上课认真	☆☆☆☆☆	认真完成作业		☆☆☆☆☆	
与人合作	☆☆☆☆☆	活动中的表现		☆☆☆☆☆	
自我整体评价					
家长观察	根据孩子发生的变化或出现的情况在（　）中填上 ABC（A 代表表现好，B 代表表现一般，C 代表表现较差）。 （　）喜欢和家长谈论自己的老师和同学 （　）常常向家长谈起自己在课堂上的表现 （　）乐于完成家庭作业 （　）能够自觉地或根据教师的要求进行预习和复习				

备注：表中涂星部分由同桌操作，"自我整体评价"一栏由学生自己填写，"家长观察"部分由家长操作。

通过设计"自己评""伙伴评""教师评""家长评"等多主体、多元化评价，将评价活动变成自我、伙伴、教师、家长等共同参与的、多元交互共建的、充满关爱的互动过程，促进学生正视自我、勇于反省、交流协商、不断改进。

我校的课题研究教师并没有将所有的活动内容都设计成多主体评价，而是根据课内外、校内外活动的实际情况来确定的。对于课内外活动，他们主要采用自评、伙伴评、小组长评、教师评的形式；对于校内外活动，则由伙伴或家长根据实际表现进行评价反馈。

我校的课题研究教师通过多元灵动的评价，促进了学生与伙伴、教师、父母的相互了解和真诚沟通，取得了良好的效果。

五、多元化评价形式增强评价效果

关于评价形式，我校的课题研究教师采用的是"等级＋激励性评语＋证书＋喜报＋激励性图案＋档案袋"的全面评价模式。

（一）等级评价

对学生的单元测试、期中测试、期末测试、分项能力测试等学业成绩采用等级评价的方式，评价结果分为优秀、良好、及格、待及格四个等级。

（二）激励性评语

对学生的日常作业、当堂学习表现等的评价多采用激励性评语。另外，为了培养学生的非智力素质，除了对学生的学业成绩进行评价外，也应适当加入激励性评语。

（三）证书评价

对于教师在日常教学过程中组织的一些丰富多彩的学科活动和学生特长活动的评价，我们一般采用证书评价的形式。

例如，在日常教学活动中，数学教师组织的"数学百题大赛""应用题大赛"等活动，无疑给学生提供了展示才能的机会。结合这些活动的开展，教师评出"小神算手""数学大王"等，并为他们颁发证书，以此来激发学生参与学习活动的积极性，提高学生的综合能力。

（四）发放喜报

发放喜报也是激励学生的一种方式，这种方式主要以班级评价为主。教师可针对学生取得了一次较好的成绩、一段时间内有明显的进步、写了一篇精彩的作文等情况，给学生发放喜报，让家长和孩子一起分享成功的快乐。这种奖励针对性很强，能使学生很清楚地了解自己得到奖励的原因，从而更加努力学习。

（五）激励性图案

我们在评价学生的作业时，主要采用画激励性图案的评价方式，特别是对低年级学生，这种评价方式使用得比较多。主要采用画小红花、小红旗、五角星、大拇指等图案的方式进行评价。

（六）档案袋评价

从2007年起，我们就给学生建立了"学生个性成长记录袋"。在"学生个性成长记录袋"中，有个人成长记录卡、师生交流卡、生生交往卡、家校沟通卡。利用"学生个性成长记录袋"清晰、全面地记录下学生个体成长的足迹，为学生的个性发展提供展示的平台。同时在"学生个性成长记录袋"中，我们对学生个人的突出表现及其在集体中的发展水平进行评价，让学生逐步学会认识自我、完善自我、挑战自我，学会对自己的行为负责，树立自信心。

六、多元化评价实施成效

（一）教师树立了正确的教育观念

自开展实验活动以来，我们初步树立了正确的教学观、学生观和发展观，改变了将学习成绩这把尺子作为衡量学生的唯一标准的观念，能够面向全体学生，挖掘学生潜能，为学生各项能力的发展和提高创造机会；能够公平地对待所有学生，而不是将其分为三六九等，厚此薄彼；善于发现每个学生身上的闪光点，为每个学生展示自我创造机会，搭建舞台，让每个学生在体验被关注、被重视的过程中找回自信。

（二）课堂效率有所提高

有效的课堂评价使学生在课堂上学习的主动性和参与活动的积极性都非常高，精神放松，交流积极主动，学会了互相帮助、互相学习，学会了大胆质疑、认真倾听，学会了自主思考与合作探究。不管是学习困难生，还是优等生，在课堂上都能畅所欲言，大胆发表自己的见解。在实验初期，我对一个班的数学成绩进行了一次前测，经过一段时间的行动研究后，又对同一个班进行了后测，发现与前测相比，该班数学成绩有了一定的提高。

（三）学生养成了良好的学习习惯

"什么是教育？简单一句话，就是要养成习惯。"这是叶圣陶老先生对教育独到的精辟解释。自实施多元化评价以来，我们细化了评价内容。例如，我们把学生的课堂学习习惯，如倾听的习惯、自学的习惯、辩论的习惯、参与小组合作学习的习惯、交流质疑的习惯、写课堂作业的习惯等都纳入课堂评价内容中，将作业评价分为书写姿势的评价、书写正确性的评价等。细化评价内容能够帮助学生养成良好的学习习惯。教师在实施班级评价时，将学生的行为习惯也纳入评价内容中。评价内容的细化、评价方式的多样化，再加上评价主体的多元化，使习惯培养有标准、有重点、有序列、有方向，也使评价更趋向科学、全面，很好地培养了学生良好的学习习惯和行为习惯。

（四）学生的综合能力有所提高

实施多元化评价，特别是学科的分项能力评价，能够帮助学生制定一个个学习的小目标，有助于学生进行目标定位，促使其在达标的过程中主动改善学习行为，进行自我观察与比较，进行自我矫正与评价，使自己不断进步。另外，学生的特长得到了发挥，学生能够感受到成功的喜悦，从而促进其弱项的发展，多元化评价切实起到了"以评价促发展"的作用。

　　评价不是最终的目的，表现性学习评价所关注的也并不是单纯的评价结果。在教学过程中，我们力求通过较为全面和客观的评价，引领学生走入更广阔的生活和学习的天地，为学生搭建展现才能、体验成功的平台，真正促进学生的全面发展。

第三章 生活五味瓶

成长是每个人必须经历的，没有哪个人不经历风雨就能见彩虹。蛹变成蝴蝶，要经历破茧的痛；雏鹰要飞翔，就要经历被母亲一次次从高空丢下去的痛，只有这样它才能拥有一双有力的翅膀；人要成长，就要经历风雨与坎坷……

做事要像山，做人要像水。水是非常谦虚的，总是平和地往低处流淌，但水蕴含着巨大的力量。水在一定条件下可以移山摧石，冲垮阻碍，但水必须经过一定时间的积累、满足一定的条件才可以拥有这种力量。也就是说，做人要谦虚，更要善于积累，人要成为最壮丽的瀑布就要积蓄力量。

第一节 师生情

"教师节"这一天

一大早，手机短信不停地飞来，祝福的话语塞满手机。有正上大学的学生发的，有正上初中的学生家长发的，也有现在所教班级的学生家长发的。有的学生送了我自己画的画表示祝福，还有正在附近上初一的学生利用中午的时间到学校来送小礼物……

看到这些，我有一种"桃李不言，下自成蹊"之感，更感受到了"桃李满天下"的真正含义。是的，我工作24年了，教过的学生不计其数。在这样的节日，这样的日子，收到学生们的祝福，好感动，好幸福！幸福之余，我更深入地思考了以下几点。

其一，教学的爱与怕。我一直深爱着教学这份工作，无论是人教版还是青岛版的教材，从第一册到第十二册，我都教过。但是每次上课前，我还是会注意教材的编写意图，仔细揣摩，潜心研究，静心思考。我校每年都有部分新教师，他们如果能仔细研读教参，边听老教师的课，边自己讲课，这样边摸索边前进，犹可胜任教师这一职业。如果相反，他们既没有教学经验，又不想潜心学习，试想如果孩子在他们教的班级，会是怎样？我们输不起，不能把孩子当作试验品、牺牲品啊！我们这个职业真的任重而道远啊！

其二，严格要求与肆意放纵。我对所教过的学生均严格要求。毕业的学生中没有人因为我的严格要求而与我感情生疏。昨天，一位刚参加工作的教师问我："刘老师，对学生要求严格了，学生是不是就不喜欢我了？"我便给她讲了我的从教经历，鼓励她说："教育教学质量是学校的生命线，纪律是高教学质量的前提，是保障。开始要求不严，以后到高年级学生没有养成良好的习惯，那么学生到了初中、高中、大学，甚至参加工作后，回想自己的小学经历，会怎样想呢？"

总之，作为一名教师，我深感责任重大，更觉任重而道远啊！

军训之后

今年毕业的学生升入初中，开学后学校都要进行军训，只不过有的军训一周，有的军训十天。教师节这天，每所初级中等学校都在军训，有的学校直接规定，学生在军训期间必须住在学校，因而在这个教师节，部分已毕业的学生没有时间到校看我们。

9月12日，奎文实验的4位学生来到学校，一到办公室就喋喋不休地讲军训的有趣与艰辛。9月13日，潍坊实验的王×也来到学校，和其他刚毕业的学生一样诉说着军训的艰辛，抱怨着到新学校后老师是多么严厉。她说："我认为在小学，刘老师就算要求严格的了，没想到这个学校的老师这么厉害……"最后她说："我真怀念小学的时光呀！"

我说："孩子，这就是成长，这就是经历。苦尽甘来，你们现在吃苦，是为将来做准备。上学就是艰苦，谁都要从那时候经过的。要有信心，继续努力，坚持下去，就是成功。"

是的，现在的孩子，大都是独生子女，应该让他们体验一把艰苦，承担一份责任。我相信，风雨过后定是美丽的彩虹。

又是一批桃李时

今年，一批高中学生考上了大学，走进了高等学府，继续他们的求学生涯；一批学生又小学毕业，升入了初中，继续学习。

金风送爽的九月，我又接了一批一年级的新生。

8月31日，新生报到。不到7点，我已经到达学校，准备迎接新生。8点半报到，不到8点，家长们就早早地等在学校的大门口了，摩肩接踵，人山人海。待学校的大门一开，家长们如潮水般涌入校园，瞬间，校园里成了人的海洋……家长领着孩子，这个班找找，那个班找找，有的在五个教室前来回穿梭，有的因找到了自己孩子的班级而舒了一口气；有的因孩子不愿意进教室而苦恼……

待大部分学生到了的时候，我先开了家长会，让家长了解老师，在黑板上写下教师的联系方式；然后，我强调了一些事情；最后，家长离校，11点时再到学校接孩子。

我们老师先将学生按高矮个儿排了座位，教会他们辨认教室，然后发书，并告诉学生一些基本的常识。

就这样一个上午过去了，我的嗓子也冒烟了。我虽然不是班主任，可班主任是一个刚毕业的大学生，经验不足，需要我帮忙带领。

爱，不需要更多的语言

今天早上，天气晴朗，阵阵春风吹来，别有一番感觉。于是，我放弃了开车去上班，以骑自行车代之。

在途中，我因等绿灯而停车，恰巧碰上几个已毕业三年的学生。他们说："刘老师，我们中考结束后，找你玩去。"我笑着对他们说："你们早就把我给忘了吧？"他们说："哪里哪里，考试结束后，我们一定去看你。"此刻，不争气的泪水已在我眼里打转，不知是激动，还是感动。这就是爱的体现、爱的流露，不需要更多的言语，不需要华丽的辞藻，哪怕是看上学生一眼，就心满意足了。

张×之前是我班的班长，学习成绩优秀，处理事情果断；王××性格温柔，一双大大的眼睛让我印象深刻；李×的意志力令我佩服……

虽然他们已毕业三年，但至今让我念念不忘，他们的一颦一笑，经常在我的脑海中浮现。

六年的情感，让我难以割舍，不管是成绩好的还是成绩差的学生，我仍然爱他们。我爱你们，我的孩子们！

第二节　母子情

> 我慢慢地、慢慢地了解到，所谓父女母子一场，只不过意味着，你和他的缘分就是今生今世不断地在目送他的背影渐行渐远。你站在小路的这一端，看着他逐渐消失在小路转弯的地方，而且，他用背影默默告诉你：不必追。
>
> ——龙应台《目送》

体验胜于说教

——记孩子参加军训的感受

我家孩子今年上初一了，进了潍坊三中。该校先进的办学理念以及教师认真扎实的教学与育人态度深深地吸引了他，他义无反顾地选择了到该校就读。

今年的8月14日—19日，该校初一的全部学生到国防训练基地进行了军训。军训期间，我作为家长确实有过不少的担心，例如，孩子自理能力的问题、天气闷热身体能否承受、吃住是否习惯……直到跟孩子通了几次电话后，我才渐渐地放心了。

终于盼到军训结束了，我赶紧驾车去学校接孩子。在学校门口等了一会儿，这期间，我在想孩子变成什么样子了，孩子见到自己会是怎样的心情……想着想着，突然听到一句："妈妈，我回来了！"这一句喊叫打断了我的思绪，抬头一看，这不是我正惦念的儿子吗？身穿一身迷彩，背着一个书包，脸被晒得黝黑，正小跑着过来。坐上车，我们很快到家了。

儿子到家后详细汇报了军训的经过，下面谈一谈我的个人感受。

一、军训可以让孩子在苦中思甜

军训期间，"孩子给家长写一封信"是其中的一个军训项目。从儿子给家长的信中，我能了解到军训的生活跟家里比有点儿苦。让孩子体验一下部队生活，体验一下不同于家庭生活的集体生活，胜过我们平时的很多说教。我们做家长的应该非常感谢学校提供的这次体验机会。

二、军训可以让孩子体验到纪律的严格

我从儿子信中谈及的内容中知道，他们在军训的时候，纪律要求很严格。训练的内容有稍息、立正、齐步走立定、跑步走立定等。如果出错，就要被教官踢上几脚。当然教官不可能是真的踢，只是象征性地吓唬吓唬学生。但学生

认为教官是真的踢学生。唉！这就是学生呀！由此我想到在学校里教师对学生的批评，教师批评学生，是对学生负责的表现。假如学生犯了错，教师不给予批评指正，那学生的是非观念何时才能形成？如果错过教育的时机，再去对学生进行说教，会起作用吗？由此看来，这次军训是很严格的，对孩子的成长非常有利。我们作为家长，非常赞同让孩子在训练中体验纪律的严格。

三、孩子收获颇丰

通过这次军训，孩子不仅掌握了很多队列的知识，而且懂得了许多做人的道理。例如，孩子在宿舍里互帮互助，队列比赛时努力夺得好名次等。这些都充分反映了孩子的点滴进步和其集体主义荣誉感的建立。当孩子骄傲地说到比赛成绩时，其眼睛里有明亮的光芒。正是由于这次军训，孩子才有这诸多收获。

四、军训可以加深孩子与家长之间的情感

儿子的信中有这样一段话："每当进行严格训练的时候，我就非常想家，尤其是休息的时候，抬头看到那蓝蓝的天空，就像一面镜子一样照出了爸爸妈妈的样子，真想家。平时在家，不但不想家，而且想出去，而今真的离开家，才知道离开家的滋味——想家。"这次军训让孩子真正体会了离开家的滋味，加深了孩子与家长之间的情感。

总之，军训中的苦和累是免不了的，但对孩子来讲，军训是其初尝人生的苦和累的一次体验。人生漫漫几十个春夏秋冬，可我们家长，谁能保证能为自己的孩子设计一个一辈子不会遭遇苦和累的人生呢？军训期间条件差一些，但集体的温暖会让孩子们感觉并不孤单。相信他们在经历了军训的洗礼后，会变得更加坚强。

和儿子一起奋斗的日子

第一次模拟考试刚结束，我仔细地看了儿子的语文试卷，儿子的作文水平让我对他刮目相看。试卷上写的是《我走过的初中路》，他晚上又写了一篇《我的行囊》。他在作文中不仅能恰当地运用学过的一些优美的词语及句子，而且能旁征博引，阐述自己的观点。我感动着，赞叹着，喜悦着。儿子成长了，长大了，进步了！

从儿子的作文来看，他需要书写再规范一些，并且需要注意错别字。我认为他写的作文与那些满分作文无异，我便以此鼓励儿子在作文写作上更上一层楼。

但是，不容忽视的一个事实是，儿子的基础知识失分太多，即使在最基础的题目上，他至少能失 4 分，尤其文言文部分对他来说更是难点，但他在阅读理解方面失分比较少。

针对上述情况，我帮他仔细分析了一番，他也知道了怎样将基础部分失掉的分数降到最低。我们约定，利用空闲时间，每天都对一些词语进行识记、巩固与复习。在这一过程中，我也增长了知识。没想到我也有很多不认识或者读错音的字。这正应验了一句话"学然后知不足"，越学越觉得自己不认识的字越多。

我将和儿子一起奋斗着、充实着、快乐着、成长着！

与儿子的一次电话交谈

前几天，儿子的学校举行了语文、数学、英语三科考试。考完后，他感觉数学考砸了，语文和英语比较简单，他在谈到数学考试的时候有些沮丧。为了这次考试，他放弃了复习其他科目，几乎把所有时间都用在做数学题上了，而且重点做了一些类似奥数的题目。他认为他的数学是强项，所以想让这一门考得很出色。他打电话说："这次的数学考试，其中有些题根本就没有见过，根本不会，而且有一道题，我已经在草稿纸上做出来了，但是没有时间往卷子上抄了……"从他的话语中，可以听出他非常重视这次考试。我安慰他说："没事儿，你这次没有考好，下次一定能考好。"他无奈地笑了笑说："但愿如此吧！"说完之后，他有些释然了。

最近几天儿子的表现尤其兴奋，因为考试成绩出来了。他语文考了"A"，数学也是"A"，而且数学成绩还在班里名列前茅，但遗憾的是英语，阅卷的老师给他批错了一道题，而且他漏掉了一个小题，粗心地把一个单词写错了，所以仅考了个"B"。三科总成绩与期中考试比，有了很大的提高。班主任找他谈了话，并且表扬了他。他非常兴奋，对未来充满信心。

上面的种种，都是他自己说的。为了了解得更全面一些，我在周五的晚上拨通了他班主任王老师的电话。我们交流了十几分钟。

通过这十几分钟的交流，我了解了儿子的一些情况。对于儿子的学习成绩及阅读理解等能力，王老师给予了充分的肯定，老师们都比较喜欢性格活泼、积极主动回答问题的他，同时王老师也提出了他需要改进的地方，例如，书写应该认真一些，对于基础知识，应该掌握得再扎实一些。的确如此，对于他的书写情况，我曾经说过他很多次，可总是效果甚微。看来这真是一个需要当作课题来研究的问题了。对于基础知识，我会让他重视起来，也会起到一定的督促作用。

通过这次谈话，我既了解了儿子的优点，又找到了他需要改进的地方。路漫漫其修远兮，吾将上下而求索。在教育孩子方面，我会尽我所能，让儿子健康地成长，快乐地生活，勇敢地面对困难，理智地对待得与失。

同一条路，不一样的感触

寒假已放假多日。今天，儿子高中同学聚会，我驱车送他去寿光。

再次踏上儿子曾经走过的求学道路，我感慨万千，有感激、有辛酸、有遗憾……

在儿子三年的高中生活中，一周一次的看望，两周一次的接送，周而复始，从未间断。在此过程中，我憧憬着美好的未来。一路走来，我信心满满，从未有过疲惫之感，仿佛自己就是儿子前进的动力。我与儿子一起拼搏，日子一天天过去，阳光每一天都是灿烂的。

我感激高中的老师们。他们无私的敬业精神，深深地打动着我，他们一丝不苟的态度令我钦佩。正是因为有了这样的好老师，孩子们才能奋发向前。

忆往昔，每次见到儿子，他谈论的都是学习，心无旁骛、积极向上。如今，儿子坐在车上，俨然已成为"低头一族"，眼睛和手指离不开手机，连跟我交流的时间都没有，一路上跟我说的话可以用"句"来计量。今天他就要步入大学校园了，他将面对与高中截然不同的生活学习环境。大学时期是记忆力与理解力发展的最佳时期。大学生应把握住这一点，珍惜大学四年时光，学好本领，为自己的将来做好准备。

儿子读了大学后，我的身心放松了下来，没有了之前的那股动力，反而产生了得过且过的想法，实在是令人担忧。正因为如此，我在业务上失去了钻研的韧劲，在工作上也不再精益求精。

从今天开始，我给自己定下目标：每天必须反思自己的工作，写出优缺点，以便总结经验；每天必须读书，读好书，以指导自己的工作与生活。

第三节 时光杂记

教师说话要"三思"

后天就是元旦了，今天晚上，上初一的儿子说要给他的老师送元旦礼物。我吃了一惊，因为他上小学的时候，在我所任教的学校就读，六年时间里，在过每一个节日时，他都没有主动提起要给他的老师送礼物。现在他主动提出并且陈述了种种理由。

他说："我应该送给数学老师礼物，因为圣诞节的时候我没有送，而数学老师对桌的老师收到了礼物，而且我还是数学课代表，所以这次应该给数学老师送。语文老师是班主任，理应给语文老师送。也应该给英语老师送，每当我遇到不会的题时，英语老师给我一讲，我就全明白了。历史老师很欣赏我，说我很聪明，将来一定有所成就，所以也应该给历史老师送。生物老师和数学老师在一个办公室，而且我很喜欢生物，所以应该给生物老师送。政治老师和地理老师、历史老师在一个办公室，所以应该送给他们每人一个。"

在小学的时候，也许是因为和我在一起，他有了许多的优越感，所以，他没有考虑那么多，或许是没有考虑到老师对他的关照。如今，他已离开我，踏上了新的征程，升入了初中。慢慢地，他也能体会到老师的艰辛和同学间的情谊。这就是经历，这就是体验，胜过诸多的说教。

儿子成长了，从他的言谈举止中可以看出，他想得多了，懂事了。祝愿儿子无论是在学习中，还是在生活中，都能坦然面对一切，做到胜不骄、败不馁，做一个生活的强者，快乐地生活。

从与儿子的谈话中我发现，教师的一句话，甚至是不经意的一句话，既可能激励学生，也可能伤害学生；教师的话，能影响到学生的现在，也能影响到学生的将来。作为一名教师，多说几句鼓励学生的话又何妨，又何乐而不为呢？

作为一名教师，我不由得开始反思自己的教育教学行为。在日常的教育教学活动中，教育学生是我的天职，但是否有时我也会不经意地伤害到学生？我真的很害怕自己会在不经意中伤害到学生。从此之后，我要尽量避免因为自己的疏忽而伤害学生的情况发生。

教师在对待学生时，说每一句话都要"三思"。让我们教师用欣赏的眼光，用放大镜看孩子的优点吧！若干年后，或许因为我们的欣赏，会有更多的人，成就一番事业。

春风化雨润物无声

——新换校长的感悟

本学期，我校滕校长内退，取而代之的是从青年路小学来的于校长。对于于校长，我了解的并不多，只知道他曾经当过区教育局政工科长、三中的副校长以及青年路的校长。

记得那天狂风暴雨，正赶上一年级放学。由于班主任请假，我暂代班主任。我们班被困在了大门洞内（从教室出来，走操场，经过大门洞后才能到学校大门口），接孩子的家长都聚集在大门外，焦急地等待。暴雨一直不停地下着，滕校长和王书记也在大门洞和我一起维持纪律，做学生的思想工作。在学生走后没多久，我听其他老师说，滕校长、王书记和夏校长都去教育局开会了，可能是讲新学期任命的问题。

第二天，我刚到学校，老师们都在议论，话题只有一个——新任的校长。

一连几天，老师们都在议论新来的校长为何姗姗来迟，又为何未和老师们见面。虽然老师们都在议论、猜测，但对待工作的态度仍是认认真真，一如既往。

虽然于校长来校后，没有马上召开全体教师会议，但是，他一直在观察学校管理方面存在的问题。"学长导师制"的提出与落实，让一年级班主任身上的担子卸下了些许。只实施了一天，一年级的班主任就对我说："'学长导师制'真好，怎么早没想到呢！"我调侃地说："这就是我们教师和校长的差距，校长见多识广，比我们都多个脑袋，想到的都是好点子，要不然我们也成了校长了，哈哈哈！"尽管那个时候，我还没有和校长正面说过一句话，但还是从心里佩服校长的！

在该周的周二和周三，于校长就教学方面的问题，找我了解了一些情况，并说了他的一些想法。谈话中，于校长给人的感觉，并不是校长，而是一位和蔼可亲的兄长。他的话语如涓涓细流，沁入人的心田，使我信心满满，下定决心继续做好本职工作。

今天的教研活动主要是新教师上岗课反馈，于校长和教导处人员，共同分析，共同反馈，话语中肯，实事求是。于校长最后的总结是对教学管理人员的肯定，更是对我校教学工作的肯定。我心里暖暖的，好久没有这样的感觉了。我相信"天道酬勤"，更相信"精诚所至，金石为开"。这样一位务实的校长，这样一流的学校，怎能不让我们骄傲呢！我们一定会一如既往，继续前行，再创我校的辉煌！

阴暗的早上

今天早上，我像往日一样，7点准时下楼。推开单元门，一片阴暗，一阵寒风袭来。寒风中夹杂着淅淅沥沥的小雨，打在我的头发上，落在我的眼镜上，现在已是深冬时节，这样的天气，让人觉得心情有些不悦。我疾步走进被雨水冲刷了一夜的汽车里，迅速启动，然后坐在车里便产生了无尽的遐想。阴暗的天气，淅淅沥沥的雨，仿佛在诉说着什么，不知是现在的悲伤，还是收获的喜悦，还是……

思绪不知不觉地飘远，这时儿子从楼上下来了，我的思路戛然而止。待儿子坐好后，我发动了车子。因为天阴暗，光线不好，所以必须开着车灯，外加雨刷。汽车奔驰在喧闹的大街上，路灯没有亮，车开起来格外地吃力。就这样，把儿子送到他的学校，我便驱车到了我任教的学校。

在校园里，我遇见几个骑车赶来上班的同事。她们一边整理着雨披，一边抱怨着这鬼天气。

季节的变换，四季的轮回，天气的变化，是亘古不变的自然规律。所以，我们应适应规律，应用规律而生存，而不能去改变规律。

正如我们的教学规律：教学有法，教无定法。我们应因材施教，有的放矢地进行教学。是啊，我们怎样才能真正做到因材施教呢？

天气阴暗，但我们的心情不能因此而变得灰暗。面对未来的"希望"——学生，我还会一如既往地耕耘下去，让研究成为我生活的一部分。

雪后的早晨

昨天，星星点点的小雪飘了一下午，直到傍晚时分才停下，那时地上已有薄薄的一层积雪了。

今天，我起了个大早，打算步行去学校，因为既想欣赏这难得的雪景，又想趁机锻炼一下身体，一举两得，何乐而不为呢？

马路中间有明晃晃的一层薄冰，两边仍存有积雪。我选择走路边上的人行道，这样不至于滑到。

我一边信步前行，一边观赏雪后景致。空气新鲜极了，深吸一口，凉丝丝的，没有丝毫的杂质。过滤后的空气既不干燥，又没有昔日的尘土飞扬，好极了！

放眼望去，只见马路上的汽车徐徐前行。汽车失去了往日狂奔的风采，车与车之间只能保持一定的距离，驾驶员小心翼翼地驾驶着。如若不然，稍有闪失，后果不堪设想。

　　不知不觉，我已走到佳乐家对面的人行道上。这一段路甚是不好走，没有积雪的踪影，只剩明亮的一片冰，故我更加小心地低着头小步挪着。突然，我听到"咣当"一声，抬头一看，原来是骑自行车的母子一起摔倒在地。我又走了十几米，同样的情况又发生在一对父子身上。他们虽然都摔倒了，但大人有一个共同的特点，自笑一下，然后心疼地问孩子："摔着了吗？"这就是父母无私的爱，伟大的爱！虽然同时摔倒，但他们首先想到的是自己的孩子。试想一下，若干年后，当孩子长大了，他们遇事是否会首先想到自己年迈的父母呢？抚养子女是父母应尽的义务，但赡养老人也是子女义不容辞的责任啊！

　　之后，我又走到我校西边的一段狭窄的上坡路上，此时路上已没有昔日来来往往送孩子的汽车，只见熙熙攘攘的孩子和家长。他们有的三五成群，叽叽喳喳地说着什么；有的母子或父子手挽着手向学校走去；有的……

　　哈哈！还是天公作美，下了这场雪！在上坡的这个路段，再好的驾驶员此时都不敢以车试驾。眼前的这一切，正是朴实的一切，却是难得的景象。我想，等冰雪融化后，这里又会恢复往日的"热闹"了。

于细处着手，谨防蝴蝶效应

　　在我以前的学校中，组织一次家长会，是再简单不过的，按照惯例去准备安排即可。我现在的学校，要召开一次家长会，需要煞费苦心、冥思苦想地进行设计。因为这是一所新开办的民办学校，尽管教师个个尽心尽责，对学生百般呵护，但每天都战战兢兢，就怕哪天在处理某件事情时因一时疏忽没有处理好，从而影响学校的声誉。

　　本次家长会分两个阶段进行。第一阶段是兵分两路：一年级家长进行课堂观摩，二到六年级的家长进行大课间观摩；第二阶段是结合期中考试的情况对学生前段的在校表现进行评价，并与家长商讨下一步需要其配合的举措，以便形成教育合力，共同育人。

　　一年级六班的学生家长观摩的是一节英语课。执教的英语老师于老师有 5 年以上的教龄，她对教材把握及课堂的调控均有丰富的实践经验，她于两周前已经在其他班级进行了试讲。因为是家长观摩，所以家长的关注点都在自家孩子身上。在她试讲结束后，我对她的课堂设计进行了专业指导，告诉她应将重点放在家长的关注点上，让每一个孩子都有表现的机会，要多设计师生、生生间互动的环节，让家长感受到老师有意让孩子全员参与、全程参与和有效参与，让孩子在快乐中、在做中学习。这既是课堂教学最基本的要求，又是对我校教师教学基本技能的考核标准之一。我在一年级进行巡视，没有发现异常现象。因大课间结束后要召开家长会，在一年级授课环节还没结束，所以我便到我所任教的班级去开家长会了。

我在班级里开完会后，信步走进办公室。此时电话铃响了，校长说一年级六班的一名家长认为上课时老师没有关注她的孩子，情绪激动，让我过去帮忙处理此事。

我先找到于老师了解情况，于老师把上课的经过说了一遍。她上课期间，在安排学生同桌互动时，发现王×没有同桌，便让她跟前面的两位同学一起互动。但于老师发现，王×有些不情愿，她便用音量不大的话语鼓励了她。她还说，课前有热身安排，她让王×到前面去带领同学们进行互动。而且于老师说，她在讲完课时，说过因担任班主任所以要先到自己班级开家长会，如果孩子有什么事情，可以打电话或发微信或会后面对面交流，请家长们谅解。当她走出教室的时候，发现王×的家长和年级长在交流，她主动跟家长打了招呼，并问王×有什么事情。年级长说："没事儿，你快去开家长会吧！"

事情的前因后果已经水落石出了，王×的家长没听完课就走出了教室，而且激动地找到年级长（学生的数学老师）倾诉，随后便发生了之后的事情。

王×的家长找年级长、校长，就是不主动找于老师沟通。这是一种由于情绪失控而做出的反应过激行为。

我想找相关人员于老师、王×的家长、年级长一起沟通，但在我了解完事情经过后，家长会已经结束了，王×的家长已经离开了学校。我便让于老师到我办公室，主动跟家长打电话进行沟通。在沟通中，于老师和风细雨地把讲课过程及孩子平时的表现进行了详细阐述，时间达半小时之久。通话结束后，我又劝于老师，要理解家长，不要因为这件事情影响日后的工作。

事件平息后，我对这件事进行了深刻反思，总结出以下几点。

第一，对待问题要判断精准，处理得当。

家长没听完课就出来，可能是家长太过急躁，只关注了自己孩子的表现，年级长又是孩子的数学老师，与其沟通要比其他教师顺畅。年级长应该有精准的判断，除了要安抚好家长外，还应该尽快找到任课老师，一起与家长沟通，这样问题才会得到较好的解决。

第二，要抓住处理问题的时机。

解铃还须系铃人，如果在于老师讲完课后，年级长协同于老师马上与家长进行沟通，也许家长就会理解，就能够把事情解决了，也就不会出现后面的事情了。

第三，要做好跟进工作。

因处理此事的人都不是当局者，如果家长会后，不安排授课老师与其进行沟通，家长还会心怀怨气，事情可能还会发酵，甚至导致学生转学或者家长到上级主管部门投诉等情况发生。

有时，我真想到无人的原野，大声呐喊，以释放日常的工作压力，真想有一个宽松的工作环境，让自己不再在高压下工作。曾几何时，我也想跳出教育圈，但是我热爱这份职业，有着自己坚定的信念，喜欢纯真的孩子。天真无邪是孩子们的天性。教师本是孩子的引路人，是课堂上的组织者、合作者、指导者，应让孩子在轻松愉悦中学习知识，实现知识的构建与能力的提升。

出现问题不可怕，可怕的是出现问题后，不采取有效的措施去解决，这样产生的后续影响会更大。我们要从案例中吸取教训，从而在班级管理及专业教育方面快速成长。

第四章 喜结硕果

第一节 个人工作成果总结

经过不断的努力，我先后荣获了山东省特级教师、潍坊市专业技术拔尖人才、潍坊名师、山东省远程研修优秀组长、潍坊市优秀教师、潍坊市师德标兵、潍州名师、潍坊市小学数学教学能手等荣誉称号。

在工作中，我一直从事的是数学的教学工作，积极推进教育教学改革，教书育人，热爱学生。我所教的班级的教学成绩一直在我校乃至全区名列前茅。我所执教的"圆的认识"获得山东省二等奖；所执教的公开课"计算"获得潍坊市优质课一等奖；于2011年被邀请到江苏省无锡市讲课，并参与了为期3天的业务培训。我承担了省级实验课题"多元能力发展与评价"实验任务。我作为课题组的主要成员，曾多次在交流会上做典型发言以及提供观摩课。2010年5月11日，在该实验成果的中期交流会上，我提供的观摩课得到了与会领导及教师的一致好评，同时中国教育电视台对其进行了录制。我撰写的论文《浅谈后进生的转化》获全国一等奖；《小学数学教学中培养学生计算与数学表达能力的教学与评价策略》获得潍坊市金点子成功案例二等奖。我承担的实验课题"运用多媒体教学培养学生的创新能力"已通过国家鉴定；山东省教育科学规划课题"学科教学效益与教学讲授时间研究"和"小学课程评价的现状与对策研究"均已通过省级鉴定。

我的"自助互助、多元评价教学法"在潍坊市争创"轻负担、高质量"活动中，作为典型代表被推广，该教学法被广西师范大学出版社出版的"轻负担、高质量"研究丛书《面向明天的教师》引用，同时还被中国石油大学出版社出版的《走进课堂的春天》引用。

近年来，我的多项科研成果获奖，其中"小学生数学多元能力发展与评价实验研究"获山东省教育厅优秀科研成果一等奖；"小学数学多元评价教学法"获潍坊市教育教学创新奖一等奖，同时获潍坊市人民政府第九届教学成果个人三等奖；"教师自主创新发展的现状及对策研究"获第三批潍坊市重大教育教学问题行动研究成果二等奖。我撰写的论文《构建小组评价机制助推小组合作的有效性》《浅谈多元化、创新性作业的设计与评价》在《少年智力开发报》上发表；论文《小学多元化评价机制的构建策略研究》在《中国科教创新导刊》上发表。我主编的论著有《小学数学思维宝典（三年级）》和《数学万花筒（六年级）》。

第二节　学校在教师专业发展方面取得的研究成果

教师永远是办学的最核心元素。教师的快速、持续、优质的发展是学校健康发展的基石。目前，许多学者在教师专业内容以及专业化的模式、途径等方面的探讨上，已达成共识。我校从办学之初发展到现在，教师队伍逐渐壮大，层次分化明显，满足教师专业发展的内在需求迫在眉睫。我校力图走教师专业发展之路，从校本教研、行动研究入手，借助教师专业发展的各种力量，如教师、学科教研组、学校、教育局教研室等不同层级的力量，助推教师专业发展。

工作3年以下的教师人数占我校教师总数的50%，他们冲劲足，有上进心，积极参与各类培训活动，但是他们的教育教学素养参差不齐，缺乏教育教学经验。他们现在急需做到的是快速将大学课本知识与实际教育教学活动融会贯通，提高工作实践能力和专业实践技能。

工作3—5年的教师人数占我校教师总数的30%左右，这些教师虽然积累了一定的教育教学经验，但因为缺乏专业的指导引领，往往缺少继续发展的动力。

占我校教师总数20%的骨干教师是学校发展的中坚力量，他们能吃苦、善思考、求发展，在专业发展上有自己的目标，满足其内在需求是学校需要解决的问题。

工作10年以上的教师人数占我校教师总数的10%，他们的专业发展已经到了瓶颈期，如何突围是亟待解决的问题。

针对以上不同层次的教师的专业发展需求，学校要根据教师的个性、特长、爱好以及不同的专业发展阶段进行"私人定制"，激发教师主动发展的动力，点燃教师的专业激情。

美国著名心理学家马斯洛指出："是什么样的角色就应该干什么样的事。"我们把这种需求称为"自我实现"，即希望发挥自己的潜能，实现自己的理想和抱负的需求，自我实现需求是人类最高级的需求。因此，我校在初步制订计划时就在人员安排上考虑得比较认真和深入。例如，骨干型教师在这一系列的工作中负责什么？经验型教师负责什么？青年型教师又负责什么？明确了这一点，我校从实际出发探索并找到了促进不同层次的教师专业发展的路径。

一、精准分层，按需施策

学校根据专业技能水平将全体教师进行分层，按星级划分标准。五星级：区以上名师、市教学能手、学科带头人，是上级教育部门认定的学科精英，应在"精"上下功夫。四星级：区教学能手、中青年教师，是学校的中坚力量，应在"能"上下功夫。三星级：教龄1—3年的教师，应在"勤"上下功夫。准星级（新入职型）：教龄在1年之内的新教师，应在"学"上下功夫。

二、人文关怀，激发动力

学校举行丰富多彩的活动，在活动中充分体现了人文关怀。在每年的教师节，学校领导都会亲自给学部教师送上鲜花，并附赠上写有祝福语的贺卡。学校会为每个教师过生日；每年定期举行庆祝表彰大会等。

三、搭建平台，分层指导

首先，在学校层面搭建"一起管理吧"平台，引领学科组长的专业发展与提升；其次，在学校层面搭建"一起读书吧"平台，引领全体教师实现共同提高；最后，在学科组搭建"一起教研吧"平台，由学科组长引领本学科教师发展。让教师在不同的"吧"中，献计献策，加速成长。

本学期，在"一起管理吧"中，学科组长研讨的课题有8个；在"一起读书吧"中，全体教师分享读后感有4次；在"一起教研吧"中，各学科教师实施"1+2"评课法，共计评课25节。

四、把握基准点，夯实教师基本功

学校要求年轻教师学习新课程标准、每周进行粉笔字练习与展示等。此外，学校还定期为教师举办一些比赛，如粉笔字比赛、限时备课比赛、演讲大赛等。

五、因层施策，分类培养教师

（一）教学常规分层管理

学校要求三星级和准星级教师手写备课，要重点在"勤"和"学"上下功夫，每周至少听五星级教师的课 2 次，并做详细的听课记录；要求四星级教师除了参加学校正常教学常规活动外，每学期至少上 1 次教学研讨课，对三星级教师起到示范作用；要求五星级教师担任学校每学期论坛式的经验交流活动或主题式的校本教研活动的主讲人，给其他青年教师以专业的指导、经验的分享，外出讲课或者上 1 节区级以上示范性观摩课。

（二）教学活动分层管理

共同发展不是平均发展，而是分类发展、积极发展。学校举行各种教学活动力求体现层次性，以实现教师的优势互补、整体提升。学校为三星级教师举行走班磨课活动；鼓励四、五星级教师参加校级创新奖评选；引导五星级教师积极参加学校每学期举行的教学成果展示活动。

（三）校本教研分层管理

1. 带徒性教研

每位五星级教师都要带 1～2 名三星级教师，结成师徒对子，定期进行带徒教研。师傅每周至少听徒弟讲 1 节课，进行教学指导，在日常教学活动中，要带动徒弟的专业发展。

2. 台阶性教研

台阶性教研的对象主要是四星级教师。学校定期举行学科骨干教师培训、学科组长培训、专题教学研讨会等活动，努力创造条件，让这一部分教师不断发展和提升。

3. 发展性教研

学校针对五星级教师主要采取发展性教研策略，以充分挖掘五星级教师自身的教学特色，使其在本市乃至全省产生一定的影响。

六、多措并举，创新校本研修路径

（一）实施"1+1+3"跟进式指导，实现教学相长

每学期，学校对新教师除了进行教学常规的培训外，还进行专业技能的培

训，要求新教师先研读课程标准，再通研教材，最后备课，结合课标，明确"为什么教"和"教到什么程度"。

教学围绕的四大核心问题："为什么教""教什么""怎么教"和"教到什么程度"。然而，在实践中，教师对"教什么"和"怎么教"关注较多，而对"为什么教"和"教到什么程度"探讨得较少。一个重要的原因就是教师往往不会把教学置于"课程"的视域下思考，没有整体地、一致地关注着同样重要的上述四个问题。

课程标准反映了国家对学生学习结果的统一的基本要求，是对学生在校期间知识与技能，过程与方法，情感、态度和价值观学习目标的阐述。因此，课程标准限定的是学生的学习结果，而非教学内容。基于课程标准的教学，就是教师根据课程标准对学生学习结果的规定来确定教学目标、组织教学内容、实施教学、评价学生学习、改进教学策略等一系列设计和实施教学的过程。基于课程标准的教学给了教师一种方向感，它既为教学确立了一定的质量底线，又为教学预留了灵活实施的空间，因此它要求教师根据教学目标适当处理教学内容，根据课程标准倡导的理念选择适合的教学方法，而且要求教师开展基于课程标准的教学评价。

学校要求骨干教师通过示范课，构建教学模型，使新教师先入模；青蓝结对进行一对一指导，主要是通过捆绑方式，实现引领与指导的作用。

（二）推门听课，提高课堂教学质量

学校要求每周行政推门听课至少 5 节，学科组长推门听课不少于 2 节。每节课结束前 5 分钟，教师都要进行当堂达标检测，并将检测结果公布在"一起教研吧"上。如果学生某次课堂检测的达标率低于 70%，那么教师要重新讲一遍。

（三）实行半天无课日教研，实现整体推进

为提高教师的教育教学质量，保证教研的时间，语文、数学、英语学科，每周用半天时间进行无课日教研。周一下午英语大教研，周二下午语文大教研，周四下午数学大教研。

（四）线上各抒己见，线下高位引领

在每次上完听评课后，教师都要在"一起教研吧"中，通过线下"1 + 2"评课法（1 条优点、2 条建议），各抒己见。在教研时间，学科组长对听评课

进行线上高位引领。

学校通过采取多元化措施，点燃了新入职教师再学习的热情，让他们成为合格的"学科专业"的掌舵者；放大成熟教师的亮点，促进了他们的特色发展，让成熟教师体验到自身的价值，再次激发了成熟教师专业二度发展的内在需求；让骨干教师找到了新的增长点，使其在自己擅长的或所负责的方面更有发言权。这样就为教师创造了对话交流的机会，同时，帮助教师找准了自己的定位，使教师从个体内向式的自学向群体外向式的互学轻松转型，树立起共同的价值观念。

综上所述，激发不同层次教师专业发展的内在需求，有效提升每位教师的精神内涵，让每位教师从规范走向个性，从个性发展到生命自觉，一辈子只做一件事，并且全力做好这件事。让教师在职业生涯中持续感受教育的幸福，是我校的终极追求。

参考文献

[1] 钟启泉，崔允漷，张华．为了中华民族的复兴　为了每位学生的发展[M]．上海：华东师范大学出版社，2001．

[2] 谈振华．课堂教学理论读本[M]．北京：社会科学文献出版社，2000．

[3] 傅道春．新课程中课堂行为的变化[M]．北京：首都师范大学出版社，2003．

[4] 肖远军．教育评价原理及应用[M]．杭州：浙江大学出版社，2004．

[5] 覃兵．课堂评价策略[M]．北京：北京师范大学出版社，2010．

[6] 沈玉顺．课堂评价[M]．北京：北京师范大学出版社，2006．

[7] 万伟，秦德林，吴永军．新课程教学评价方法与设计[M]．北京：教育科学出版社，2004．

[8] 陈向明．教师如何作质的研究[M]．北京：教育科学出版社，2001．

[9] 龚孝华．变：学校教育评价观探索之旅[M]．北京：教育科学出版社，2007．

[10] 梅汝莉．多元智能与教学策略[M]．北京：开明出版社，2003．

[11] 孟繁华．赏识你的学生[M]．北京：教育科学出版社，2010．

[12] 彭贤智．以学生为主：当代教育改革新思潮[M]．济南：山东教育出版社，2001．

[13] 单中惠．外国中小学教育问题史[M]．济南：山东教育出版社，2005．

[14] 王孝玲．教育评价的理论与技术[M]．上海：上海教育出版社，1999．

[15] 李家栋．多元智能理论与小学语文教学[M]．济南：山东教育出版社，2008．

[16] 郑金洲．教育通论[M]．上海：华东师范大学出版社，2000．

[17] 袁振国. 中国教育政策评论 [M]. 北京：教育科学出版社，2000.

[18] 戴云. 学生评价风险：探索学生评价的独特视角 [J]. 现代教育科学，2005（2）：11-14.

[19] 罗洪钦，李作球. 学生发展水平评价应注重的几个问题 [J]. 当代教育论坛，2004（7）：70-72.

[20] 吕晔. 建立学生成长记录袋评价体系需要解决的几个问题 [J]. 现代教育科学，2005（4）：8-10.

[21] 杨慧. "多元智能"视野下的学生评价 [J]. 现代教育科学，2004（2）：27-30.

[22] 蒋牡丹. 合作学习有效性之探究 [J]. 读与写（教育教学刊），2008（1）：124.

[23] 鲍东明. 我们离素质教育究竟有多远？ [J]. 教师博览，2002（6）：10-12.

[24] 霍力岩. 加德纳的多元智力理论及其主要依据探析 [J]. 比较教育研究，2000（3）：38-43.

[25] 陈庆，王迎春. 传统教育评价与创造教育的理论冲突 [J]. 云南师范大学学报（哲学社会科学版），2004（1）：98-101.

[26] 李风华. 多元智力理论与多元评价 [J]. 教学与管理，2003（6）：36-37.

[27] 蔡永红. 对多元化学生评价的理论基础的思考 [J]. 教育理论与实践，2001（5）：34-37.

[28] 陈永强. 改革评价理念　促进学生实验开展 [J]. 教学仪器与实验，2004（6）：43-44.

[29] 刘晓莹. 一种评价学生学习状态的新方法：用智力的量子模型评价学生的学习状态 [D]. 桂林：广西师范大学，2001.

后 记

　　春华秋实，岁月匆匆，我送走了一批又一批的学子，如今本书掩卷，感慨颇多。工作多年，我付出了智慧与汗水，收获与提升了诸多。细数过往，更多的是感动与感谢。

　　赶上了好时代、好政策，我考上了中等师范学校——诸城师范学校。那里有我的青春、我的美好、我的求学时光。当时，只要考上中专，在老百姓看来，就意味着吃上了"皇粮"，因为上学不花钱，吃饭有补助，毕业包分配，所以感谢国家的好政策。

　　我毕业后的第一个工作单位是潍坊市实验小学（原来的校名是工人新村小学）。我在那里开始了工作生涯，后来由于工作调动，我又到潍城区实验小学任教。工作期间，我利用工作之余和寒暑假，完成了大学本科和教育硕士的学习。

　　首先，我要感谢单位的领导与同事！是你们，给予了我莫大的关心；是你们，在我专业发展的关键期，给予了我耐心的指导与暖心的鼓励；是你们，搭建了助我科研能力提升的平台；是你们，在我专业成长中起到了引领与助推的作用。如今，我已到潍坊光正实验学校支教三年有余，在领导的管理下，学校严格精细的管理模式使我再度成长。对此，我内心的感激之情，无以言表！

　　其次，我衷心地感谢我的家人！在写作、工作及生活中，当遇到坎坷时，我会萎靡不振、会伤心。但你们是我精神上的巨大支撑，使我继续前行！

　　最后，感谢在本书撰写过程中，给予我莫大帮助和支持的朋友们！

　　回顾过去，成长的路上有阳光，也有风雨；展望未来，我唯有不忘初心，砥砺前行！